领导力要素

THE LEADERSHIP FACTOR

[美]
约翰·P. 科特
(John P. Kotter)— 著

袁品涵 — 译

中信出版集团 | 北京

图书在版编目（CIP）数据

领导力要素 /（美）约翰 · P. 科特著；袁品涵译
. -- 北京：中信出版社，2019.6（2019.10重印）
书名原文：The Leadership Factor
ISBN 978-7-5217-0612-3

Ⅰ. ①领… Ⅱ. ①约… ②袁… Ⅲ. ①领导学 Ⅳ.
①C933

中国版本图书馆CIP数据核字（2019）第093417号

领导力要素

著　　者：约翰 · P. 科特
译　　者：袁品涵
出版发行：中信出版集团股份有限公司
（北京市朝阳区惠新东街甲4号富盛大厦2座　邮编　100029）
承 印 者：北京诚信伟业印刷有限公司

开　　本：880mm × 1230mm　1/32　　印　　张：7.5　　字　　数：144千字
版　　次：2019年6月第1版　　印　　次：2019年10月第2次印刷
京权图字：01-2010-6300　　广告经营许可证：京朝工商广字第8087号
书　　号：ISBN 978-7-5217-0612-3
定　　价：68.00元

目　录

3

在管理阶层构建领导力才能

推荐序1　时代精神与自我驱动

陈春花

北京大学王宽诚讲席教授，北京大学国家发展研究院BiMBA商学院院长

科特是一位重要的管理思想家，他区分了“领导”和“管理”的概念，强调领导者的基本职能在于倡导改革之风。他也研究了企业文化与业绩的关系，揭示出具有灵活适应性的企业文化能显著促进长期经营业绩。他还持续关注领导力的发展，不仅仅明确提出了新商业环境下领导力要素的内涵，更是基于变化的视角，探讨了领导者变革的力量来源及行动指导。在今天来看，科特提出的观点仍然令人印象深刻，发人深省。这套丛书（《新规则》《领导力要素》《变革的力量》《企业文化与绩效》）会从不同的视角给读者带来收获。我重新阅读这4本书的时候，较之早期阅读又有了全新的收获。

一、领导者需要洞察时代特点

科特展开这些研究的阶段，全球化正处于萌芽发展之中。科

特敏锐地察觉到全球化给商业模式带来的巨大变革，分析了MBA（工商管理硕士）毕业生的职业发展历程，总结出了他们的职业生涯成功的关键要素。

科特提出，方兴未艾的全球化使得充满活力和适应性的中小企业蓬勃发展，这些中小企业不仅远远抛下了传统大型企业，而且影响了富有进取心的管理者们的职业发展。

以《新规则》书中列出的研究数据为例。1974年，这一届哈佛商学院MBA毕业生中的36%去了大型或超大型组织就职。到1983年，还留在大型或超大型组织的人仅占31%。到1991年，则只剩下23%。另一方面，同一个时期，在小型或超小型企业就职的哈佛商学院MBA毕业生从28%上升到43%，最后达到62%，其中很多是创业型企业。

科特认为，全球化既提供了大量的机会，也带来了巨大的风险。在这个时代，要成为一个职业上的成功者，一条重要的准则就是：不要依靠惯性,因为旧的模式、道路和经验在新的环境下是无效的。

当下，21世纪也已过去将近20年，时代特征又迎来了巨变。曾经所向披靡的全球化，正在引起全球性的反思，甚至出现了一些极端化的应激反应。怎样才能更有效地让资源在全球范围共享和分配？怎样才能形成一个互补共赢的全球化共同体，而不是国家与资本的盘剥与霸凌？这是全球化进程中的休整吗？商业模式会有怎样的调整？中国商业的未来会怎样？这些都是留待我们去观察和领悟的课题。

二、变革是大型企业的必选之路

科特对大企业和官僚主义素无好感，而他的研究中，MBA学生们用他们的职业生涯支持了科特的观点。美国运通公司（American Express）、大西洋里奇菲尔德公司（ARCO）、康尼格拉公司（ConAgra）、数字设备公司（Digital Equipment Corporation）、肯德基公司（KFC）、伊士曼柯达公司（Eastman Kodak）、玫琳凯化妆品公司（Mary Kay Cosmetics）、NCR公司、百事可乐公司（Pepsi–Cola）、宝洁公司（P&G）、赛仕软件公司（SAS）等大量公司的案例也支持了科特的观点。

科特认为，在变化的时代里，中小企业能够更加迅速地做出反应并逐步取得更大的成功。速度和灵活性在竞争日益加剧的世界中将会获胜。因此，他奉劝职场人士要摆脱官僚化的大企业，走向小企业。大企业在应对变化迅速的市场时容易陷入官僚化，而在中小企业的发展中做出贡献的员工往往会获得更高的满意度和收入。当然，如果我们的商业氛围和舆论能够转变传统的对宏大和稳定的崇拜，更加关注和欣赏中小企业和创业企业，人们可能会更容易接受和适应时代的变化。

那么，对于大型企业，变革的方向和目标在哪里呢？毫无疑问，大型企业必须设法转变成一个灵活与具有适应性的组织，既有小企业快捷的运营效率，又保留大企业的资源优势。方向就是减少管理层级、官僚主义、内向关注和办公室政治，路径就是企业改组、削减成本、流程再造，当然，最根本也最难的是企业文化的改变。

三、领导者需要保持自我驱动力

科特从研究中得到的启示是，成功的企业家都具有强烈的竞争驱动力和领导力，他们独立、勤奋、自主、敢于冒险、喜欢控制感，他们更向往权力、被认可、威信和成长，并且很少向往安逸。

那些害怕竞争的人、想要安全感的人、渴望稳定的人，最终往往像岩石在水里一样，不断下沉。无论是现在还是将来，高标准和对成功的渴望都是必不可少的。

管理是用于应对复杂性的，因为现代管理程序在很大程度上产生于20世纪大型组织的发展，领导力则是相对于变革而言的。当今剧烈变动的外部环境使变革日益成为维系企业生存、增强企业竞争力的必要条件。有更多的变革，就会要求更强有力的领导，这也意味着领导者必须保有自我驱动的力量，以应对复杂多变的环境。

四、管理研究总是伴随着鲜活的管理实践

科特的研究总是从真实的管理实践和商业环境出发，去寻找其中的核心变量及规律性，从而得出能够再回归到管理现实的答

案。就如他在《新规则》一书中所写的那样，他花了 20 年的时间跟踪研究 115 名 1974 届的哈佛商学院 MBA 毕业生的工作情况，最后写了这本书。这种依赖于真实的观察所呈现出的研究方式，非常值得我们学习。《领导力要素》一书中的领导力观点和支撑数据源自科特于 20 世纪 70 年代所完成的大量实地调研以及为撰写本书而专门开展的 4 个研究项目。《变革的力量》是一项管理行为研究的成果，该研究始于科特的一篇博士论文，内容是关于大都市市长的管理方式的，这项研究始于 1986 年 8 月，到 1989 年年底结束。《企业文化与绩效》一书以生动的案例证实了企业文化的存在及其力量，以实证的方法证实了企业文化与业绩的相关性，并详细阐述了 3 种类型的企业文化，充分说明了进行企业文化改革的必要性，还提出了许多有效的措施。该书堪称一部深刻理解企业文化与企业业绩关系的经典教科书。

在我最初决定展开组织与文化研究时，约翰 · 科特的《企业文化与绩效》给了我很大的启发和帮助。我借用科特的企业文化力量指数对广东省多个高新技术企业展开了深入的探讨，这让我有机会更有效地理解企业文化所具有的独特功效。也因此，科特的其他著作就列入了我的必读书目，这也是我很愿意推荐这套丛书的原因。

2019 年 3 月 12 日 · 朗润园

推荐序 2　面对变革时代，如何才能获得成功

郑毓煌

清华大学经济管理学院博士生导师

春节之前，收到中信出版集团的邮件，邀请我为领导变革之父、哈佛商学院终身教授约翰·科特的《新规则》《领导力要素》《变革的力量》《企业文化与绩效》系列丛书写序，我欣然答应了，原因只有一个：我希望这套优秀作品能够惠泽更多中国人，特别是中国的企业家、创业者和职场人士。

在今天的中国，社会对商业知识和智慧的需求正在急剧扩大，迫切需要我们在浩瀚书海之中甄别真正优秀的商业著作，以汲取营养。然而，令人遗憾的是，真正优秀的商业著作太少了，市面上充斥的畅销著作大都是“鸡血”或“鸡汤”，缺乏严谨的理论体系和实证研究支持。

与市面上的那些所谓畅销著作不同，这套作品均出自科特教

授严谨的实证研究，这也再一次印证了哈佛商学院的地位。哈佛商学院无疑是全球最著名的商学院，而它百年来的极高知名度正是源于学院中的优秀的商业思想领袖，包括竞争战略之父迈克尔·波特（Michael Porter）、颠覆式创新之父克里斯坦森（Christensen）、领导变革之父科特等。

那么，科特教授的这一系列丛书到底有哪些值得学习的地方？在《新规则》这本书里，科特教授在近20年的时间里观察了115名哈佛商学院MBA毕业生的职业路径，并从他们的人生经历中总结出我们应该如何在快速变化的全球化竞争市场中拥抱变化并找到适合个人发展的新规则。他的研究有很多反常规的发现。例如“小公司，大机会”——在同一届哈佛商学院MBA毕业生中，那些选择小创业公司的毕业生，最后其收入往往高于那些选择大公司的毕业生。

在今天的中国，科特教授的这些发现也具有重要的启示意义。例如，很多年轻人往往面临体制内工作（政府、国企、事业单位等）和体制外工作（民营企业、外资企业等）的两难选择。又如，即使都是体制外的工作，年轻人也往往面临去大公司还是去中小企业的两难选择。家长们往往都反对他们选择非传统的职业路径。然而，科特教授的这些发现告诉我们，传统的职业路径或许并非最佳选择。面对今天的时代变革，每一个职场人都应该更加勇敢地去拥抱非传统的职业路径。很多年轻人往往抱怨自己出生的年代太晚以至于错过很多机会，却不知其实每一个时代都有大量机会，关键在于你是否能勇敢地做出选择。

在《领导力要素》这本著作中，科特教授指出，由于商业环境发生了重大变化，领导力在今天的变革时代被赋予了新的意义，其重要性显著提升。领导力不再是首席执行官（CEO）或极少数高层管理者的绝对领域，而是拓展为几乎所有管理者都应该具备的一种重要能力。在《变革的力量》一书中，科特教授进一步阐释了领导与管理的不同，并提出领导和管理都是非常重要的，那种认为领导“好”而管理“坏”的观点是明显错误的；同时他也阐述了企业家应该如何打造自己在领导和管理两个维度上的能力的问题。最后，在《企业文化与绩效》一书中，科特教授以实证的方法证实了企业文化与业绩的相关性，并详细阐述了不同类型的企业文化，以及如何打造企业文化。可以说，这 3 本书是企业家和创业者们打造领导力和企业文化不可多得的参考书！

很多中国企业家在阅读国外商学院教授的著作时，难免有这样的疑虑：这些结论在中国也适用吗？事实上，思想无国界，管理和人性往往都是相通的。作为清华大学博导、营创学院院长，我在过去的十几年里也接触了大量中国企业家和企业高管。我发现，他们的成功有其共同的规律。那么，成功的共同规律是什么呢？接下来我就和大家分享我在营创EMBA（高级管理人员工商管理硕士）开学典礼上曾经分享的 6 个要点。

第一，眼界和视野。所谓“读万卷书，行万里路”，眼界和视野特别重要，而且很多事情不是从书本上能学到的。2019 年 1

月，我邀请哥伦比亚大学商学院著名教授席娜·艾扬格（Sheena Lyengar）为营创EMBA授课。企业家学员们见到她的第一眼就被震撼了,因为没有人想到，她居然是一位盲人。然而，虽然她眼睛看不见，但她不仅成了哥伦比亚大学商学院教授，而且还被《金融时报》（*Financial Times*）评为和竞争战略之父迈克尔·波特等齐名的全球50大管理思想家之一。很多企业家在听完这次课程之后都说："艾扬格教授眼睛看不见都能取得那样大的成就，我现在面临的一点儿困难又算什么？"是的，多接触伟大的人，你才能激励自己去变得更伟大。

第二，胆识和勇气。光有眼界和视野还不够，还要有胆量。王健林来清华大学演讲时说过："什么清华北大，不如胆子大。"这句话其实很有道理。2017年11月，我在清华大学主持了清华学生创业协会20周年的纪念活动。参会的十余位校友的公司市值合起来超过3000亿元，包括美团、中文在线、百合网、清科集团等。以美团为例，大家看到了王兴的成功，但是大家可能想不到，王兴是在美国读博士时辍学回国创业的。而百合网的联合创始人慕岩也是在美国读博士时辍学回国创业的。所以要成功，一定要有胆识和勇气。

第三，能力和智慧。有了眼界和视野，也有了胆识和勇气，成功还需要能力和智慧。没有人生下来或大学毕业之后就知道怎么进行企业管理，所以企业家和创业者都需要终身学习，以习得能力和智慧。学习的方式包括读书、面对面学习等多种形式，其中读书更多是用以开拓思维和学习知识，而要提高能力则更需要面对面地学习，甚至最好有老师手把手地指导，再加上自己的实战演练。只学不练的话，很难真正提高能力。

第四，连接和资源。有句话是这样说的："你是谁不重要，重要的是你和谁在一起。"其实，不论在国内还是国外，人脉和圈子都非常重要。不论是哈佛商学院还是清华大学，最吸引人的除了优秀的教授，还有校友之间的连接和资源。在今天的互联网和社交媒体时代，线下连接更加显得珍贵和不可替代。在学校里形成的师生关系和同学关系是最自然、最真诚的关系，企业家们要多投入时间进行线下连接。真正的友谊和合作从来不是线上加个微信就能拥有的。

第五，努力和坚持。努力和坚持是成功的必要条件。在创业路上，每个人都会遇到困难，谁也不可能一帆风顺。遇到困难时，如果坚持，就有可能克服困难并获得成功；而如果放弃，则只能承认失败。再以清华校友、美团创始人王兴的成功为例，王兴也是经历了校内网、饭否网等多次创业失败，才有了今天美团的成功。

第六，理想和使命。努力和坚持很累，很多时候你会坚持不下去。那么，是什么让企业家和创业者坚持下去的呢？伟大的理想和使命。我从 2017 年创办营创学院以来，也面临过很多困难。很多人不相信我可以打造一所"人人都上得起的哈佛商学院"。然而，正是"教育改变命运，我们改变教育"这一理想和"打造一所人人都上得起的哈佛商学院”这一使命，才让我一直坚持下来。今天，营创线下EMBA已有超过1500位企业家学员，并且在北京和深圳都实现了本地开班，真正做到了“用1%的学费，上拥有全球顶级商学院师资的线下EMBA课程”。同时，通过和中信出版集团的合作，我们推出了“用1‰的学费，上拥有全球顶级商学院师资的线上EMBA课程”项目并获得了成千上万职场人士的欢迎。此外，由营创读书会和中信出版集团一起推出的“与原创作者一起读书”的公益项目，已有近百位大咖作者分享原创著作的音视频，向全国人民公益开放。

今天，中信出版集团即将出版的哈佛商学院科特教授的这一系列丛书无疑是商业知识和智慧中的明珠。这4本书在哈佛商学院MBA学生中备受欢迎。我相信，这一系列丛书会带给成千上万读者优秀的商业知识和智慧，更会进一步将看起来遥不可及的顶级商学院教育带给成千上万的读者。而这，正是中信出版集团、营创学院和我本人共同努力的目标。

2019年3月5日

推荐序3　领导力，企业和组织发展的重要元素

胡月星

（中共中央党校党建部党的领导与领导科学教研室主任，教授，博士生导师）

无数事实及案例表明，推进组织发展和企业的创新进步，不是组织规模的大小或市场占有率的多少，归根结底是领导力的强弱。领导力已成为提升企业核心竞争力的重要内容。探索研究领导力、领导变革、领导活动特征及其规律，揭示优秀组织发展成功的内在动因，着力提升组织领导力，已成为当今政府、组织、知名企业以及高端智库共同关注的热门话题。翻阅约翰·P.科特所著的《领导力要素》一书，我们也深刻体会到这一点。本书所提供的主要内容及其观点，集中阐述了一个道理，就是企业的发展壮大，本身就是领导力增强的历程，而企业的衰败也必然是领导力减弱的结果。企业的竞争表面上看是资源、市场和人才的竞争，实质上是领导力的竞争。“对于诸多企业而言，竞争强度的激增导

致几乎所有职务层级都更加迫切地需要领导力。”为便于解释这一重要话题，作者为读者提供了精彩的故事与案例。

杰拉尔德·斯坦顿的故事，阐述的是一个企业家如何依靠领导力，成功解决企业面临的危机事件。“西部百货”案例则讲述了这样一个道理，正是因为企业领导者未全方位打造提供高效领导力所需的企业文化、管理体系、规章制度、项目计划和具体流程，导致领导力严重缺失，使这家企业失去在市场竞争中的地位。戴维·康诺利的调查说明了打造一支拥有领导力的强大管理团队的困难与艰巨性。

透过上述案例，我们可以发现领导力是鲜活的，管用的。提升领导力是企业发展肩负的重要责任。领导力不仅在领导者观念行为中体现，也存在于企业的愿景目标、企业文化体系、企业发展理念及经营策略中，是优秀的领导者、富有创新的管理团队与先进的企业文化共同孕育催生的结果。

作者在书中还分享了一个重要观点，就是人人都具有领导力，企业最重要的是如何激活领导力。领导力并不仅仅停留在领导层，即使是处于相对低层级，负责管理、业务和技术开发的员工们也时常需要在各自的领域扮演引领角色。“倘若我们能让更多人以平民化和普及化的方式看待领导力，而不是为其蒙上传奇和神秘的面纱，这将是大有裨益的。”为此，要把领导力潜质的考量作为企业人才选拔招聘中的一项重要选择。书中特别提出了拥有高效领导力的领导者所具备的主观积极性、价值观、能力、声誉业绩、知识储备、良好人际关系等六项必要条件。这六项条件既是企业竞争力需要关注的潜在因素，也是领导力所具备的基本特质。应当说，从20世纪40年代开始，随着行为主义科学的崛起，对领导力研究开始进入科学化的实证阶段，领导者的素质受到前所未有的重视。如自然特征（包括行动、能量、精力、年龄等）、社会背景（教育、培训等）和智力与能力等。在以后的探索研究中，西方学者将领导特质进行了总结概括，提出了“六C”标准，一是可信（Conviction）:一个人对他（她）的幻想表现出明显的激情和承诺；二是品质（Character）：一贯地表现出正直、诚实、尊重和信任；三是关心人（Care）：表现出对其他人的人身和职业安全的关心；四是勇气（Courage）：维护自己的信仰，接受他人的挑战，承认错误和必要时改变自己行为的意愿；五是能力（Competence）：熟练掌握一些硬件技能，如技术上、职务上和令人满意的专业技能，还应该熟练掌握一些软件技能，如处理人际关系、相互沟通、团队合作和组织的技能；六是沉着（Composer）：一贯地表现出合适的情绪反应，尤其是在困难与危急时刻。科特的《领导力要素》所提出的六项必要条件及其领导者的特质因素，可以说是这一系列探索研究的拓展与深化。

拿起一本书做到开卷有益，至少应当有如下表现：一是观点如何，书里究竟讲了一个什么道理，表达了何种观点，能够带给读者何种启发或思考。《领导力要素》里所提出的“领导力观念必须转变。当下商业环境从某种意义上使领导力民主化，它不再是某些人的专利，而成为与许多人息息相关的常态化工具”“拥有强大领导力的企业能够在真正的竞争环境下占据主动，碾压对手”等许多鲜明观点均来自翔实典型的案例材料，这些观点很有吸引力。二是内容。本书作为领导力研究长廊中的经典著作，在内容上避免了空洞的说教和抽象概念的阐述，代之以案例、故事、数据分析，对阅读者和研究者而言，均有不同维度的收获。三是方法。研究领导力离不开有效的办法和思路。本书把实证研究方法引入其中，通过对100多家企业的大约900名行政管理人员进行问卷调查，并通过数据分析说明问题，这是研究者尤其看重的地方。四是看结论。对于学术著作来说，基本结论显示的是研究的价值与含金量。《领导力要素》中得出以下结论：“过度关注薪资提升和职务晋升，而过度忽略发展与培养需求，以及如何达成这些需求，将使员工陷入困境，举步维艰”“通过不遗余力地制订具体做法和计划构建强大管理团队，并最终为业务运转提供高效领导力，能够做到这一点便拥有了当下强大的竞争优势来源”。这些结论的提出，对于阅读者、研究者、培训者都是渴望得到的，是难得的宝贵资料。

约翰·P.科特《领导力要素》翻译引进到国内，对于提升管理层与员工的领导力、丰富拓展领导力培训内容、深入开展领导力探索研究，都非常值得期待。是为序。

2019年2月25日

译者序　领导力需要把握时代的潮流

企业家们，你们真的准备好了吗?

在当下，商业环境的转变导致多数行业竞争激增。如何在全新商业环境下获得更优的绩效成为企业愈发关注的问题。在企业中，越来越多的工作需要领导力，越来越多的分布在不同层级的员工需要配备领导力，领导力的重要性不断凸显。

与此同时，企业的趋势化发展也让我们清晰地认识到提供领导力的艰巨性正与日俱增。随着企业规模的扩大、产品的多元化、国际市场的扩张和高端技术的频繁迭代，多数企业出现了内部运转复杂化程度加剧的情况。在这种情况下，企业做出有效改变的难度也随之变大，并最终加剧了提供高效领导力的艰巨性。

科特教授指出，在当下和不远的未来，我们将继续见证一个与过去有着本质区别的世界商业格局。这将是一个结构日益复杂的企业进行高竞争高强度对抗的世界，这将是一个信奉官僚作风管理者们逐渐变得危险和无力的世界，这将是一个连最优秀的职业管理者们都有可能效率低下的世界，除非他们拥有领导力。至少在当下，这将是一个大多数企业还未做好准备的世界。

领导力对于企业当下的繁荣甚至生存愈加重要，企业家们亟须认清领导力的实质，并尽快付诸实践。

巧妇难为无米之炊

对于一个企业来说，提供高效领导力就像烹饪一样，没有“食材”和“佐料”，再有水平的“大厨”也无从下手，这就是中国人说的“巧妇难为无米之炊”。科特教授提出，提供高效领导力需要满足若干必要条件:拥有涵盖行业、业务职能和企业的广博知识储备、在企业和行业中建立广泛人际关系、在相对广泛的活动领域拥有良好的业绩记录和声誉、敏锐的头脑和良好的人际交往能力、高度的正直诚实，以及提供领导力的强大内驱力。提供高效领导力是一项艰巨的长期任务，其艰巨性主要源于同时满足上述诸多必要条件的难度。唯有以“踏石留印、抓铁有痕”的劲头坚持下去，善始善终、善做善成，防止虎头蛇尾，才能赢得“提供高效领导力”的最终胜利。

无意中做了行动上的“矮子”

在实践过程中，许多企业家有着这样的困惑：领导力确实很重要，甚至有“普世化”“平民化”和“民主化”的趋势。我希望我的企业能够吸引具有领导力潜质的人才，能够培养具有领导力潜质的员工，能够激励和留住能够提供高效领导力的员工。为达成这些目标，我们甚至引入了一些具体做法、制订了具体计划。然而，每次在实行过程中，总因为各种各样的莫名原因而中途夭折。我们感到实施过程中充满着难点、痛点和堵点。我们无意中做了行动上的“矮子”。

在书中，科特教授用“西部百货”的事例，道出了企业家们的两难局面。科特认为，企业往往会因为短期业务压力和狭隘的权术博弈（详见本书第 4 章）而暂停或放弃“提供高效领导力”的具体做法和计划，从而使“提供高效领导力”的目标永远停留在白纸上。

由于短期业务压力和狭隘的权术博弈，负责企业招聘的管理者们往往青睐于那些不用过多培训就能马上承担基础性工作、薪资要求最低又服从度高的应聘者。他们不会花费时间和精力去找寻具有长远领导潜力的人才。在员工队伍中，拥有领导力潜质（敏锐的头脑、良好的人际交往能力和正直诚实的品质）的人才少之又少。从他们中所选出的升职人选，其水准可想而知。由这些获得升职的员工所组成的管理团队缺乏提供高效领导力所需要的基本特质。

由于短期业务压力和狭隘的权术博弈，管理者不愿意将自己的得力干将放走。浮躁且目光短浅的年轻员工意识到，升入高层最快的方式就是走直线。管理者不愿意接受员工的横向轮岗，因为这不仅需要大量培训，而且新员工工作起来也不一定得心应手。职场道路变得非常垂直且狭窄。大部分管理者的眼界都是狭隘浅薄的，他们所认识的人仅限于他们待过的部门，并且也只对这一小撮人的业绩记录有所了解。管理者们无法为高效领导力构建“海纳百川”的章程；而提供真正意义上的领导力需要企业里不同部门人员的通力合作。

由于短期业务压力和狭隘的权术博弈，企业组织结构偏向功能性且集权（就短期效益来说，这样的组织结构是非常高效的，同时也是难以转变的，因为转变意味着削弱原有的权力，这是管理者所不愿洞见的）。官僚主义作风甚嚣尘上，因为集权化的功能性结构会随着时间推移变得更加官僚化。对于那些拥有管理和领导力潜质的员工而言，他们头 10 年至 20 年的时间都在承担具体战术执行工作，并没有机会接触更加广义的策略工作。他们不被要求或允许实践过多的领导力。与制定策略相比，高层管理者在具体战术行动的执行方面的表现往往反而更好。他们的议事日程以短期目标为导向，缺乏长远眼光。他们更适合做富有官僚主义色彩的管理者，而不是真正意义的领导者。

由于短期业务压力和狭隘的权术博弈，表现出色的员工被迅速引入重要岗位；有潜质的员工围绕短期个人得失来规划自己的职业生涯；有潜质的员工被火速提拔，但在每个岗位上的时间又非常短。许多高层管理者无须反思过往犯下的错误并吸取宝贵的经验教训。因此，他们并不具备极佳的商业判断力或通过长期努力（而不是通过控制或颐指气使）而建立起来的具有可信度的人际关系。无论是商业判断力还是具有可信度的人际关系，它们对于高效领导力至关重要。除此之外，由于这些高层管理者在过去每个岗位上的任职时间较短，他们的业绩记录也是易受质疑的，而具有可信度的业绩记录是提供高效领导力的必要条件。

"提供高效领导力"的正确轨迹：环形而非线性

倘若将"提供高效领导力"比作一场战争，那它肯定是"持久战"，而非"闪电战"。倘若要深究这场"持久战"的战术理念：一个是围点打"圆"；一个是不仅要打得下，还要守得住所打下的每个"险关要塞"。

科特教授指出，那些能够提供高效领导力的企业往往拥有数量更多、质量更优的计划和具体做法（详见本书第 7 章），以便找寻、培养、留住和激励最有领导力潜质的人才。尽管有短期商业压力和狭隘权术博弈的影响，但通过各级管理层的努力，这些企业尽力维持、优化那些计划和具体做法。他们对于计划和具体做法的高效性负有一定责任。各级管理层之所以会共同努力维持、优化那些计划和具体做法，是因为他们相信这些具体做法对于企业未来的繁荣发展至关重要，因为首席执行官通过不同方式巩固了这一认知，因为企业文化和规章制度都明确支持这一认知的生根发芽，并处罚一切阻碍其发展的行为举止和思维方式。而这些又反过来促使企业拥有数量更多、质量更优的计划。

科特教授的这本书，对于当下的企业发展充满借鉴意义。企业当下对于领导力的需求程度愈加强烈。传统的“领导者-追随者”模式已经离我们远去，“领导者-领导者”模式正向我们走来。企业要生存与发展，所有人都必须努力成为“具有高效领导力”的领导者。

前 言

领导力的变与不变

近二十年来，我一直在研究处于复杂组织中的高层管理者。我关注的焦点涵盖诸多方面：他们是谁（就背景和个人秉性而言）？他们所面临的主要挑战是什么？在实际工作中，他们究竟承担哪些职责和义务？在他们当中，为什么有些人拥有不可比拟的工作效率，取得令人惊叹的成功？倘若促成高效率和成功的要素并非是若干固定的胶条，那么这些要素是如何发生变化的？为什么会发生这些变化？……

这一系列研究工作使我对领导力情有独钟。在之前出版的著作中，我已对领导力中的若干主题进行了充分探索。在本书中，我将继续围绕领导力开展深入研究，希望达成三大主要研究目标：第一，在复杂组织中清晰明了地提炼出领导力的有效思考路径，以便更好地阐述为什么当下的某种领导力是如此重要（本书的第一部分试图达成这一目标）；第二，向读者阐述在竞争激烈的当下，为什么大多数的组织急需具备这种一枝独秀、足以引领潮流的领导力（本书的第二部分试图解答这个问题）；第三，就“领导力”这一至关重要的问题，为高层管理者和领导力学者提供若干思考方法，供参考、讨论（本书的第三部分致力于这一目标）。

本书中关于领导力的观点和支撑数据源自我多年来所完成的大量实地调研[1]，以及为撰写本书而专门开展的四个研究项目。这四个研究项目的简要情况如下：

第一，背景采访（General Background Interviews）。来自 40 家企业的大约 150 名高层管理者针对本书中涉及的各类主题各抒己见。我们并未采用随机方式选取采访样本。某些高层管理者是由于专业知识技能被选中的，其他的则是通过时机性采样①（opportunistic sampling）的方式被选中。

第二，管理层人力资源调查问卷（The Executive Resources Questionnaire）。依据采访内容和相关主题的学术文献，我们制定了一份 10 页的调查问卷（详情请见附录），分发给大约 1000 名高层管理者进行填写。绝大部分被调查对象都完成了问卷（回复率超过 90%）。在随后的跟踪调查中，我们对其中大约 8% 的被调查者进行了采访，并就他们之前在调查问卷上的回答内容做进一步

① 这是一种相对灵活的采样方式，常用于定性分析（qualitative analysis）。在数据搜集过程中，研究者依据采集数据的实际情况，灵活筛选数据，以便对所研究的主题有更全面的认识。——译者注

探讨（具体研究方法将会在第 6 章中详述）。

第三，最佳实践研究（The Best Practices Study）。选取 15 个因优质的高层管理团队而闻名遐迩的企业，深入探究他们在打造出色管理团队方面有哪些令人赞叹的做法。另外，作为此研究项目的重要组成部分，有 150 名高层管理人员接受了采访（具体研究方法将会在第 7 章中详述）。

第四，组织变革研究（The Organizational Change Study）。3 年间，我见证了 5 家企业的组织变革，他们为提升企业在吸引、挖掘和保持领导者才能方面做出了不懈努力。我们以日记的形式记录下每个企业在变革道路上的点点滴滴，并试图明晰这些努力所产生的效果。

关于商业领导力，本书是我撰写的第三部著作。第一部《总经理》（*The General Managers*）是对一群成功的总经理进行细致入微的系统研究。第二部《权力与影响》（*Power and Influence*）所阐述的观点是：高层管理人员所具备的诸多复杂技能和个人品质，中层管理者和专业技术人员同样需要，因为他们的工作更需要领导力，一种只有高层管理人员才具备的领导力。而本书的观点是：技能和个人品质兼备的员工数量只在个别企业中是足量的。针对这个日益严峻的问题，本书试图探讨解决之法。

在我所有的研究工作中，总有良师益友陪伴左右，在撰写本书时也不例外。感谢哈佛商学院研究部对本书的大力支持，特别感谢同事同行们对于本书最终成型所提出的大量建议，他们是：杰里·阿巴巴尼尔（Jerry Abarbanel）、吉恩·安德鲁斯（Gene Andrews）、保罗·阿克塞尔（Paul Axtell）、拜·巴恩斯（By Barnes）、斯派克·贝泽尔（Spike Beitzel）、戴尔·贝内特（Dale Bennett）、哈里·伯恩哈德（Harry Bernhard）、马文·鲍尔（Marvin Bower）、理查德·博亚齐斯（Richard Boyatzis）、南希·迪尔曼（Nancy Dearman）、安妮·唐纳隆（Anne Donnellon）、拉斯·艾森斯塔特（Russ Eisentat）、小杜拉尼·福斯特（Dulany Foster，Jr.）、艾伦·弗罗曼（Alan Frohman）、吉姆·赫斯克特（Jim Heskett）、乔治·霍伦贝克（George Hollenbeck）、杰伊·洛尔施（Jay Lorsch）、小摩根·麦考尔（Morgan McCall，Jr.）、约翰·墨菲（John Murphy）、霍华德·尼茨克（Howard Nitchke）、马尔·索尔特（Mal Salter）、莱恩·施莱辛格（Len Schlesinger）、罗伯特·斯蒂德（Robert Steed）、霍华德·史蒂文森（Howard Stevenson）和巴特·范·比塞尔（Bart Van Dissell）。

关于这本书

即使是吹毛求疵的批评家，也会勉强表达一下对罗斯·佩罗[1]（H.Ross Perot）的钦佩之情。毕竟，要对佩罗的传奇经历视若无睹是困难的。他白手起家，创立了非常成功的企业；积累了超过10亿美元的个人财富；他不计个人得失，随时准备接受崇高目标的

[1] 美国政治家，企业家，电子数据系统公司（EDS）创始人、佩罗系统公司创始人、董事会主席。——译者注

再次召唤。

佩罗先生是一位拥有坚定信念的人，他的核心理念是：当今世界，高效领导力是一个极其关键的成功要素，却并未引起人们足够的重视。在谈论美国经济形势时，他是这样阐述自己看法的："无论是商界还是政界，美国迫切需要领导力，而提升美国竞争力所面临的最大问题就是领导力缺失……"

"最大问题"，这样的表述或许有些言过其实（对事情进行夸大描述或许是佩罗先生的语言风格，所以时常遭到一些苛刻的批评家的口诛笔伐）。然而，本书中的大量证据表明，抛开佩罗先生略显夸张的语言风格，他的思考方向完全是正确的。

更具体地说，我认为，近年来，由于商业环境发生了重大变化，领导力被赋予了新的意蕴，其重要性显著提升。这种领导力不再是首席执行官（CEO）或者极少数高层管理者的绝对领域，而是拓展为几乎所有管理者都应该具备的一种重要能力。当下，大多数企业并未以"壮士断腕"的勇气和决心去适应这一新现实。诚然，变革绝非请客吃饭，而是一个阵痛过程，若干管理做法必须进行改良。当变革真正落到实处时，这将会成为企业竞争优势中一股强大的力量源泉。

本书用 3 大部分共计 9 个章节介绍领导力观点和支撑数据。1 至 3 章属于理论基础章节，主要介绍：商业环境是如何发生变化的，为什么领导力变得愈发重要，当今的"高效领导力"意味着什么，以及这种领导力究竟从何而来。第 2 部分（4 至 6 章）以大量证据为基础，剖析当下领导力问题的严重程度和问题起因。第3部分（7至9章）聚焦于探讨领导力问题的解决之法。其中，第7和第8章全面介绍一个新研究项目，囊括15个因优质的高层管理团队而闻名遐迩的企业；第9章探讨企业该如何变革才能达到那15个知名企业的高度。

本质上，这是一本经过较为系统的实地研究所撰写的书，其目的在于为不同管理阶层的员工提供强有力的领导才能指导。从这个意义上来说，倘若用“独一无二”这个词确实略显不当，本书与描述商业领导力的某些常规书籍迥然不同，希望这种差异性能够满足本书的两个最宏观的目标：（1）让高层管理者能在实际管理中学以致用，更有效地造就出这种领导才能；（2）帮助高层管理者们深入思考自己的职业规划。

想要完全领悟本书所要达成的目标，我们首先需要明白为什么需要“领导力”，这个由来已久的主题，会在近年来重获新生，它与我们的成功紧密相连。带着这些疑问，让我们进入正题。

1

当今的商业领导力

第 1 章

变化中的商业环境：高效领导力的时代价值

无论是回首过往，还是展望未来，“领导力”始终是推动人类事务发展的重要一环。然而，在这方面，我们近期所遇到的诸多挑战远远超出了大多数人的预期：我们迫切需要将领导力嵌入管理职位中，却无奈地发现，要将高效领导力落实到位，可以说是“说起来轻松写意，做起来举步维艰”。追根溯源是因为商业环境所面临的两大根本性转变。

竞争强度（Competitive Intensity）的转变

当今，在诸多转变中，竞争强度的激增变得引人注目。[1] 导致这一转变的原因莫衷一是：可能是由于实力雄厚的外国企业侵占了其本国企业的国内市场，比如消费电子产品、汽车制造和钢铁；可能是由于政府放宽管制，就美国而言，航空、电子通信、保险、货车运输和银行皆属此类；也可能是由于新兴技术的问世，例如，微处理器技术的问世使得大量企业涉足计算机产业——这个曾经的寡头垄断领域——并成为强有力的新兴力量。除此之外，竞争强度的激增也可能是由于市场饱和或产能过剩。在这种情况下，为了尽快摆脱市场停滞的窘境，竞争对手不得不摆出一决雌雄的架势来抢占先机。

无论寻找原因有多么困难，有一点是肯定的：竞争强度的转变使企业发展，甚至使行业走向出现新的变数，使某些从前无比安逸的寡头垄断领域变为群雄逐鹿的残酷竞技场。于是，那些实际占有巨大市场份额的企业不得不再一次为抢夺客户资源而奋力厮杀，越来越多的企业将更加关注顾客喜好的转变和新兴技术的发展。在此过程中，还要适应、创新或防范潜在风险。总的来说，竞争强度的转变正在造就一个“波动常态化，巨大波动偶发”的新格局。

看看通用汽车公司（General Motors）的案例，或许会深受启发。曾经有人怀疑，20 世纪五六十年代的通用高层管理者是否认为他们所处的时代充满着稳定和良性竞争。与近年来的商业环境相比，倘若他们当时果真这么认为，也不无道理。早在 1955 年，通用汽车就处于一个快速成长的市场，真正的竞争对手不过 2 至 3 家。而今，通用汽车所面临的形势是：强敌环绕（10 多个信誉良好的竞争企业，大多数来自美国境外）[2]、市场萧条、行业产能过剩。商业环境的转变导致竞争强度的激增，迫使通用汽车不得不摒弃长年以来“保守”“迟缓”的思想观念，以新的发展理念变革企业。[3] 纵观历史，通用公司的变革尝试呈现出“步子急，步幅大”

的特点：

- 为提升企业竞争力，1984年，通用汽车进行了大规模的机构重组。当时，企业还在沿用艾尔弗雷德·斯隆（Alfred Sloan）于20世纪20年代早期所制定的机构框架（在这期间的60多年来，一成不变）。
- 同年，通用汽车收购了H. 罗斯·佩罗的电子数据系统公司（EDS），将数以千计的通用公司员工转入EDS。之后，通用汽车试图对整个企业的计算机系统进行优化重组（可以想象一下当时佩罗和他的团队所带来的“紊乱”）。
- 同年，通用汽车与主要竞争对手丰田（Toyota）共同组建新联合汽车公司（New United Motor Manufacturing Inc.），并将位于美国弗里蒙特（Fremont）市的一个境况不佳的汽车制造工厂交由本田代为管理（在此之前，通用汽车从未进行过此类合作）。
- 1985年，通用汽车以前所未有的价格——50亿美元——收购了休斯飞机公司（Hughes Aircraft）（在此之前，通用汽车既未购买过新兴技术，也未设想过多元化企业的发展机遇）。
- 同一时期，通用汽车成立了新的子公司，负责研发概念车并提出全新的汽车制造理念（老方法已不再适用）。
- 多年来，通用汽车对复杂垂直整合（vertical integration）系统进行了开发和调整。随后，通用汽车着手关闭企业内部的一些零部件加工生产线，并开始从外部供应商那里购买零部件（通用汽车发现，买进零部件有时比自行加工更便宜）。

- 经过数十年的发展，企业出现了机构臃肿的情况。1986 年，通用汽车对北美地区的运营人员陆续进行裁撤，被裁撤人数总量超过 10000 人（降低企业成本的压力越来越大）。

当时，通用汽车的案例如此引人注目，主要是因为它反映了商业环境的大背景。由于外部环境的转变，数以百计的企业和 10 多个行业已经或正在进行重大重组。[4]

就拿航空业来说，由于美国政府的严格监管，美国航空业常年处于极度稳定的状态。总的来说，航线结构以缓慢而有序的方式改变，全行业的机票价格按照固定增量发生变化。收购并向新兴企业进军并不多见，关于产品的新概念更少。1978 年，当美国政府突然宣布放宽管制时，美国航空业便以火箭般的速度开始发生翻天覆地的变化。

自从 1979 年，数十个航空公司经历着成立、被收购或者宣告破产的诸多阶段。[5] 航空业票价体系从本质上发生变化，特定票价几乎每天都在发生变化。航线结构的变化也非常大。在某些情况下，航空从业人员的薪水也跟着发生了变化。另外，新概念，比如飞行常客奖励计划（frequent flier programs）也被开发并形成相关制度。

与航空和汽车制造业相比，人寿保险行业“享受”了更加漫长的平稳期。在 20 世纪的大部分时间里，保险产品与营销手段经历着缓慢变化。伴随着人口和经济的增长，保险企业缓慢成长。倘若现实世界有一台时光机，能够将工作于世纪之交的保险人员传送至 1965 年，保险企业并不需要对此员工进行过多的业务培训，他就能顺利上岗了。然而，假如此员工被传送至 1985 年，他所面临的将是截然不同的情况。

当今，人寿保险行业面临着金融服务的热潮。除了传统保险企业，成千上万的实体机构也开始提供各种形式的保险服务。还有数千家企业致力于推出人寿保险替代产品。为了适应新形势下的竞争与挑战，保险企业以前所未有的速率增设新产品，整合相关业务，优化营销制度，试图打破臃肿机构和官僚作风。最后一项（试图打破臃肿机构和官僚作风）通常意味着裁减企业总部人员，而对于某些百年老字号企业来说，这是史无前例的。

无独有偶，银行家们同样面临着前所未有的考验。霎时间，竞争对手不再是街对面的一两家同质化企业，而是西尔斯百货（Sears）、美林证券（Merrill Lynch）、致力于“走出纽约走向世界”的银行控股公司花旗集团（Citicorp）、美国运通（American Express）、一大批日本企业，甚至连通用电气（General Electric）也位列其中。是的，你没看错，就是通用电气。1985 年，在金融服务领域，除了三家实力雄厚的银行外，通用电气比其他任何一家银行都要挣得多。[6]

其他行业所展现的某些根本变化也在医疗服务行业次第上演。在美国，伴随着医疗服务行业“井喷式”发展，与该行业有关的所有人员在20世纪50年代、60年代和70年代早期貌似都获得了巨大成功。在国家老年人医疗保险制度（Medicare）、联邦医疗补助计划（Medicaid）和企业愈发实惠的医疗保险套餐的共同推动下，医疗服务支出占国民生产总值的比率由1955年的4.4%上升至1983年的10.7%。[7]然而，在当今新的商业环境下，这一趋势发生了根本性转变。数据显示，医疗服务占国民生产总值比率的增速逐渐放缓，某些地区甚至出现了停滞不前的态势。面对这一局面，一些企业不得不重塑各自的商业模式。

汽车、航空、保险、医疗……通过以上对各行业的细致探究，我们从本质上发现了近乎一致的新格局：历经20多年相对稳定的“竞争”环境，商业竞争强度已“渐入佳境”，呈现白热化状态。事实上，在本书撰写过程中，一大批韩国企业正计划着“侵入”美国市场；在欧洲，欧盟委员会（European Commission）正试图打破航空业垄断格局，解除对资本市场的诸多管制；在阿根廷（Argentina），为了提升本国企业的核心竞争力，劳尔·里卡多·阿方辛（Raul Ricardo Alfonsin）总统试图将国有或部分国有化的企业私有化。在菲律宾，据说，诺诺·阿基诺三世（Benigno S. Aquino III）总统也有类似想法。[8]

在这种潮流的驱使下，几乎所有地方的企业都不得不反思与商业经营有关的传统策略、政策和具体举措。因此，成千上万的高层管理者们背负着更加艰巨的使命无畏前行：开发新产品、寻找新营销渠道、尝试新营销手段、研究新制造工艺、思索新融资策略等。毫不夸张地讲，为成就这些全新想法，数百万人正在被迫切召唤。大部分高层管理者在相对稳定的 20 世纪 50 年代、60 年代和 70 年代所不必掌握的技能和方法，在当今变得很重要，因为他们必须在不确定的环境（由激烈的商业竞争所导致的）下正确行事，而后让其他人（通常数量巨大）接受某种全新经营模式。面对新的商业格局，专业技术、行政能力和传统管理理念（特别是官僚主义的管理理念）是远远不够的，我们还需要领导力。

不断增长的领导力需求

和平年代，只要顶层拥有合理的领导力，一支在行政和管理方面优良的军队就能充分发挥其战斗力。战争期间，一支军队的各管理阶层依旧需要有效的行政和管理，然而，倘若各阶层缺乏良好的领导力，军队是无法正常运转的。但目前为止，尚无人知晓如何充分调动或管理士兵，投入战争。

以此类推，全世界成千上万的企业越来越深刻地认识到，他们需要更多的优秀管理者来处理因竞争强度激增而导致的经济战争。最近，一位供职于美国大企业的高管以敏锐的观察力揭示了其中的奥秘：

30 年前，成为一名高管要容易得多。那时候，行业的发展机遇遍地都是。反观当今，企业面临着非常激烈的竞争，市场趋于成熟饱和。1952 年，我刚参加工作时，我们部门以月为单位召开货物分配会议，决定哪些顾客获得我们的产品。你能想象这样一个场景吗？

当今，我们比以往任何时候都需要更多更优秀的领袖，他们拥有更广阔的视野和强大的自信心。没有他们的帮助，我们的企业将无法繁荣发展下去。在某些特定业务中，没有他们的帮助，我们甚至连能否立足都备受考验。

支撑这一论断的证据随处可见。看看制造流程方面，不久前，生产管理者仅需要根据可预期的方案和历史上的合理成本推出产品即可，这只需要具体的产品制造计划、清晰合理的组织安排和良好的管理。当今，同样是这批高层管理者，他们所承担的使命包括：大幅削减工艺成本、引进提升生产效率的新兴技术、尝试日式劳务关系技巧、以更低的劳务支出在某些国家建立新的分部、缩短新产品的制造时间等。换句话说，他们频繁地被要求探寻新的做事方式，有时甚至是史无前例的。除此之外，为了让这些全新方式落到实处，他们试图激励员工牺牲自我。而在当下，试图利用“移民”心态或是对权威人士的服从度来调配员工变得愈发困难。在这些情况下，良好的行政和管理是远远不够的，现在更迫切需要的是制造流程中的领导力。

人事管理上也面临着同样的转变。20 年前，人事管理者负责维护人事系统，并协助处理无关痛痒的人事问题。而反观当下，他们更需要在与人力资源有关的诸多事宜中彰显领导力。为了使企业在新环境中变得更具竞争力，他们需要辅助企业高管，大力转变企业文化。为了激励管理层以长远眼光看待公司发展，他们需要探索并执行全新的薪资体系；为了使劳务关系呈现新气象，他们需要与负责产品制造的高管保持紧密联系。

除此之外，对于领导力的需求并不仅仅停留在领导层。越来越多的企业意识到，即使是处于相对的低层级，负责管理、业务和技术开发的员工们也时不时地需要在各自领域扮演引领角色。例如，白热化的商业竞争氛围对年轻项目工程师的跨部门协调能力提出了新要求。在新产品开发过程中，他们需要与产品制造、市场营销和销售部门的管理者进行协调。通常说来，这需要年轻项目工程师具备一定的领导力。同样的，竞争压力正在“倒逼”年长领班利用一切有利条件，营造新型劳资关系；彻底转变过去数十年来雇佣劳动人员与行政或管理层之间的敌对氛围。这种竞争压力也要求中层管理者严格执行关于精简员工层级和规模的有关政策。倘若中层管理者不具备一定的领导力，而只是期望员工们欣然接受真实存在的个人牺牲则宛如天方夜谭。通用汽车执行副总裁劳埃德·罗伊斯（Lloyd Reuss）用凝练的语言总结了当下越来越多企业所面临的挑战：“在企业内部的每一个阶层，我们需要更多的领导者，无论是汽车制造工厂的初级职位还是各汽车分部的总经理，甚至是高层执行委员会。”[9]

且与10年前相比，当下的商业环境正在发生根本性转变，更不用说20或30年前。在相对稳定且繁荣的20世纪50年代和60年代，人事、产品制造，或者说任何方面，大量的领导力并不太需要。那时，过多的领导力反而会干扰行之有效的日常业务流程，甚至产生不必要的问题。那时候的人甚至发明了类似于名言警句的东西来告知大家，商业运转需要稳定和掌控，而不是大胆的创新举措（比如："倘若企业运转大体正常，就不要纠结于优化升级"）。

就像领导力在战争年代政府和军队中比在和平时期更重要一样，当经济领域爆发冲突时，商业领导力同样变得愈发关键。竞争强度的激增已经产生了这样一场冲突。

提供高效领导力的困难正与日俱增

前面提到，对于诸多企业而言，竞争强度的激增导致几乎所有职务层级都更加迫切地需要领导力。与此同时，一些不那么引人注目的力量也在提供高效领导力的难度方面起到了推波助澜的作用。发展势能、多元化、全球化和技术革新无不为商业发展蒙上了神秘莫测的面纱。

百事可乐公司（PepsiCo/Pepsi Cola Company）的发展历程生动地反映了这一点。1955年，百事可乐是一家以美国为主打市场，年产值6000万美元，员工数量约1900人的饮料企业。25年后，百事可乐成长为一家年产值60亿美元，员工数量超过10万人的企业；产品除了饮料，还包括小吃"菲多利（Frito-Lay）"、快餐

“必胜客（Pizza Hut）”和“塔可钟（Taco Bell）”、运输服务“北美运输公司（North American Van Lines）”和“Lee Way汽车货运公司（Lee Way Motor Freight）”和运动产品“威尔逊体育用品公司（Wilson）”；市场则由美国本土扩展到100多个海外市场。无论采用何种估量方式，为1955年的商业运转提供高效领导力绝非易事。然而，就商业规模等级而言，为1980年的商业运转提供高效领导力一定更为复杂。

1955年，数字设备公司（Digital Equipment Corporation）甚至还未成立。1985年，该公司为成千上万来自不同行业的顾客提供产品和服务，贸易金额突破60亿美元。该公司拥有45000名股东、100000名员工以及遍布世界各地的运营项目。1955年，国家现金出纳机公司（National Cash Register Company，NCR）只是一家制造现金出纳机和关联设备的低端技术企业。1985年，该公司不仅业务量激增，而且产品逐渐拥有了与数字设备公司、国际商业机器公司（International Business Machines Corporation，IBM）等公司不相上下的高科技含量。多年来，美国运通始终践行着“走出去”策略。1950年，该公司在31个国家拥有186个分设机构。1985年，分设机构数量已突破1000个，遍布130个国家。综合诸多方面的变化，该公司在业务类别上的激增更引人注目，比如投资银行业务和保险业务。

通过比照20世纪50年代和20世纪80年代的大多数企业，甚至是中小微企业，会发现它们所经历的转变大体趋于一致。

要妥善处理好竞争强度所带来的诸多与领导力有关的挑战并非易事，比如削减成本、提高生产效率、优化客户服务、保持产品质量、加快新产品研发步伐。处理这些事情通常意味着改变，而改变则会导致不确定性和焦虑感，并不可避免地产生赢家和输家。即使是在一些简单明了的情况下，要妥善安抚好那些因改变而遭受实际损失的焦虑员工也并非易事。况且，简单明了已不再是当下的主旋律。在纷繁复杂的情况下，处理那些挑战是非常困难的。

就优化客户服务而言，面对一支拥有 20 名员工，在同一个机构工作的销售团队与面对一支拥有 2000（或者 20000）名员工，分布在全球 100（或者 1000）个国家的销售团队相比，所面临的挑战是完全不同的。就提高生产效率而言，仅需将一项基础技术运用于制造或服务流程与需要通过数十项甚至数百项技术才能达成目标相比，其所面临的挑战是完全不同的。就新产品研发和市场化而言，相对同质化的市场（居住在美国中西部地区的顾客）和涉及数十个（或者数百个）迥然不同的市场，如巴西（Brazil）与瑞典（Sweden）相比，所面临困境的复杂程度不可相提并论。就改变的阻力来说，员工状况大体同质化与员工在国籍、年龄和学历经历多元化相比，所面临的沟通难度是完全不同的。

位于复杂组织的最顶端，领导力所面临的挑战偶尔会呈现出难以掌控的局面。制定和执行明智的商业策略本就不是一件轻而易举的事情。然而，当下的诸多不确定性因素，无论是技术、竞争、市场、经济还是政治上的不确定性，使得策略型决策变得更加复杂。企业内部的利益冲突将任何政策的执行变为一场最危机四伏的冒险，比如美国分部与欧洲分部或者传统银行家与新兴投资银行业务部之间所产生的不同利益侧重点。然而，与 1955 年不同，在全球范围内，有数以千计的高层管理者正在面临诸如此类的挑战。

充分或不充分领导力所带来的影响日益凸显

了解当下商业环境的双重转变——竞争强度的激增和企业运转复杂化程度的攀升——是至关重要的，因为它们正在对各自的方式产生巨大影响。竞争强度的激增使得越来越多的工作离不开领导力，企业运转复杂化程度的攀升使得妥善处理好工作中所面临的领导力挑战变得愈发困难。然而，双重转变所带来的累积叠加效果才能产生如此巨大的能量。将它们放在一起，使得充分和不充分领导力所带来的诸多影响正呈现出全新的面貌（见图 1-1）。

倘若市场竞争被规章制度或寡头垄断所限制，那么在这种商业环境下，领导力有时看上去是那样的微不足道[①]，而真正占据主导地位的是经济学家和社会学家所说的结构性因素。然而，在竞争极度白热化的商业环境下，对企业效绩产生主导作用的是顺应智能化转变并有所作为，以及成功激励员工创造优异业绩和如何

① 参考著作有：利伯森（Lieberson）和奥康纳（O'Connor）（1972）、卡罗尔（Carroll）（1984）、加姆森（Gamson）和斯科奇（Scotch）（1964）、格伦斯基（Grusky）（1963）、萨兰西克（Salancik）和普费弗（Pfeffer）（1972）。

使用高超管理能力提供领导力。

当然，仍有许多人认为或者希望世界商业格局尽快回到20年前的模样：更简单明了、更稳定。此外，为了证明自己的预测，他们罗列了诸多佐证：若干国家的保护主义倾向、放宽管制所带来的问题和企业在缩减自身规模上所做出的努力。他们以自欺欺人的态度，完全忽略了那些将商业格局推向其他方向的力量。

例如，在不远的将来，技术革新的速率并不会减缓，甚至有可能提速，给某些行业造成更大的波动。跨国企业不会消亡或撤回本土。受本国市场增长迟缓的影响，有些企业或许还将扩大国际影响力（例如日本企业）。倘若中国的经济结构呈现高效运转的局面，那么日本在20世纪70年代对世界商业格局的“侵入”则犹如“小巫见大巫”。

在不久的将来，我们会继续见证一个与过去有着本质区别的世界商业格局。这将是一个结构日益复杂的企业互相进行高竞争强度对抗的世界，这将是一个信奉官僚作风管理者们逐渐变得危险和无力的世界，这将是一个连最优秀职业管理者们都会效率低下的世界，除非他们拥有领导力。总的来说，这将是一个领导力要素对于企业繁荣甚至生存愈加重要的世界。

至少在当下，这将是一个大多数企业还未做好准备的世界。

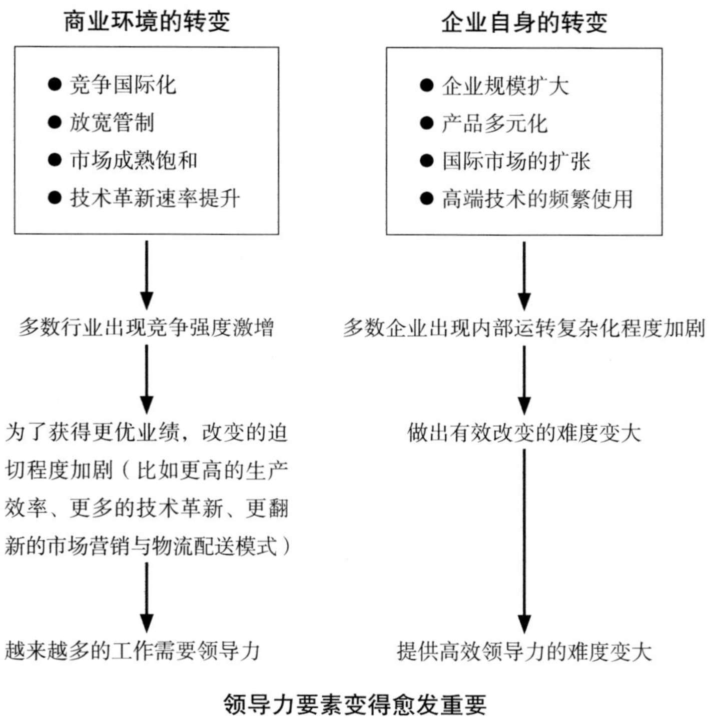

图 1-1　商业环境的转变以及对领导力要素所造成的影响

第 2 章

行动中的领导者：现代企业的高效领导力

领导力，一个仿佛在当下变得愈加重要的概念，其准确含义是什么？那些展现高效领导力的人——他们究竟是如何行事的？领导力与传统意义上的管理有什么区别？如果有的话，领导力与创业精神有什么关联？

领导力的定义

在日常交谈中，“领导力”这个词有两种基本用法：（1）大体上通过非强制性手段，使某个或某些团体朝某个方向移动的过程；（2）履行领导力相关职责的人。在正常交谈中，第二种定义是最为常见的。然而，在本书中，我们通常采用的是第一种定义：这是一种过程，而非一群人。

在日常用语中，虽然“高效领导力”拥有更加繁多的义项，但反复强调的一个关键点莫过于：高效领导力会引领人们向集体利益最大化的长远目标前进。高效领导力绝不会让人们跌落悬崖，绝不会浪费稀有的人力资源，绝不会鼓动人性恶的一面。从这个意义上看，某人或许会说阿道夫 · 希特勒（Adolf Hitler）能够时不时地展现其强有力的领导力，但显然我们不能称其为高效领导力。

为什么要这样定义呢？通常情况下，厘清任何情况下领导力的有无要比确定领导力是否高效容易得多。倘若你对此存在任何疑虑，问问人们，杜鲁门（Truman）总统或者艾森豪威尔（Eisenhower）总统是否提供了高效领导力。因此，在进行任何有关当下商业高效领导力的讨论之前，聚焦于一些生动案例是非常重要的。这些案例就高效的维度达成了合理共识。由于本书成书年代的原因，我们不得不提这样一个案例，它是如此的鹤立鸡群。

亚科卡（IACOCCA）：关于领导力的一次探究

问人们这样一个问题：近年来，谁是商界高效领导力的最杰出典范？到目前为止，最频繁的回复莫过于李 · 亚科卡（Lee Iacocca）。

究竟亚科卡是不是最杰出典范，众说纷纭，莫衷一是。[1]

不过，他为克莱斯勒（Chrysler）所带来的确实是许多企业所迫切需要的。

20 世纪 70 年代中叶，在亚科卡接管克莱斯勒之前，企业平均资产利润为–8%。换句话说，企业正遭受停业破产的风险。1984 年和 1985 年，在亚科卡接管克莱斯勒后，他构建了全新的高层管理团队，优化了产品质量，并偿还了一大笔政府贷款。连续两年，企业平均资产利润接近正 20%。无论克莱斯勒未来走势如何，以上所描述的转亏为盈无疑是激动人心且令人印象深刻的。

当然，诸如“亚科卡的成功有运气成分”“企业所取得的成功总是记在亚科卡的头上”的言论有一定的道理。然而，大多数观察者都会认同，在整个团队各司其职的前提下，亚科卡的高效领导力也是企业转亏为盈的一个非常关键的要素。换句话说，拨开浮于表面的风格差异——抽雪茄和粗哑的声线——深入探究本质，我们找到了亚科卡与老托马斯 · J. 沃特森（Thomas J. Watson）和众多历史人物雷同的一种处事行为模式。概括起来，这种行为模式如下：

第一，亚科卡为自己和企业制定了一个章程。在这个章程中，他为克莱斯勒能够成为和应该成为什么样子提供了全新且大胆的构想。他设想，克莱斯勒应该是一家有竞争力并且效益良好的企业，能够生产出更高质量的产品，为员工提供更好的就业机会并在竞争日益激烈的汽车制造业占有一席之地。这个设想重视所有与业务有利益关联的重要群体，尽量满足所有群体（消费者、员工、股东和其他）的长远合法利益。

这个章程极具战略眼光。换句话说，这个章程蕴藏着一个睿智的策略，引领企业朝着既定构想前进；这个策略之所以睿智是因为它根植于对财务、产品制造、市场营销和人事未来变化趋势的全面把握和认知。创建这样一个策略并非小事。亚科卡之所以能取得巨大成功，是因为他擅于利用自己在汽车制造行业的丰富经历、敏锐头脑和从不同渠道获得信息的能力，最终总结出符合企业发展趋势的策略。

第二，通过引导、激励和巩固，亚科卡在庞大的人脉网络（工会领袖、全新的管理团队、供应商、若干主要政府官员等等）中营造出协同合作的良好氛围，使整个章程能够落实到位。其所采用的方式是多样的：运用感情充沛的说话方式（“各位，请记住，我们有责任保住这600000个就业岗位”）将自己的章程准确无误地传达；利用自己在汽车制造业的过往成功所积攒下来的信誉和人脉；用一种展现才智的有力方式交流新策略。除此之外，还有一些别的方式（比如在制定章程的过程中，给予某些人适量的话语权）。他在这些人当中营造了目标认同感和命运共同感，这并不容易，因为这些人通常会认为，互相之间的利益诉求是存在固有矛盾的。

随后，亚科卡孜孜不倦地激励着此人脉网络中的重要人物专注于章程进展，努力工作。这意味着沟通、劝说、赞扬、鞭策、鼓励、吸引、指导和鼓舞。

由于他个人的“推销”技巧、旺盛精力以及对于不同人的基本需求和核心价值观的敏锐洞察力，这些人才能够一如既往地各司其职，将不可能变为可能。[2]

就这样，用于转变的聪明策略加之拥有合理人力资源的赋能网络，克莱斯勒创造了一个又一个的企业神话。“世间的巧合，总有着深层次的必然”，我们甚至可以用严谨的研究证据来支撑这一论断。

站在亚科卡的肩膀上前行：有关高效领导力的近期研究

1972 年，保罗 · 劳伦斯（Paul Lawrence）教授和我对 20 位大城市的市长进行研究。通过专家评审和大众投票的方式，我们从中选出了若干佼佼者，发现其处事行为模式与亚科卡大体相同。[3] 1978 年，我对九家企业的成功总经理进行研究。研究结果再次证实：以上两点可以从大体上概括这些最高效管理者的处事行为方式。[4] 近期，本尼斯（Bennis）、莱文森（Levinson）和创意领导中心（Center for Creative Leadership）所完成的研究成果，反映了类似情况。[5] 无论是私营企业还是国有企业，无论是高层首席执行官还是中层管理者，我们所发掘的行为共性包括：第一，充分结合有关各方所追求的合法利益诉求，提出关于企业未来发展的设想；第二，全盘考虑环境因素和组织要素，提出达成此设想所需要采取的具体策略；第三，营造协同合作的人脉网络，用于具体策略的坚决执行；第四，在人脉网络中，拥有一群积极主动的重要人物，他们时刻以企业构想为己任。（见图 2-1）

换句话说，无论是企业下属的一个项目团队还是首席执行官本人，他们所展现的高效领导力，所奉行的基本处事原则都是相通的：良好的企业构想、以充分团队合作为支撑的策略和高涨的工作积极性。不可否认，对于首席执行官而言，提出构想和策略要复杂得多，需要拥有协同合作意向和工作积极性的人员规模也巨大得多，这被称为“高效领导力的终极版本”；对于一个项目团队而言，所提出的构想也许仅仅是一个略带新意的产品概念，所营造的具有协同合作意向的人脉网络也许仅仅涉及一位主要负责人和几名重要人物，需要拥有高涨工作积极性的核心成员也许仅仅包含若干名员工，这被称为“高效领导力的迷你版本”。尽管如此，他们所奉行的领导力基本原则是一脉相承的。[6]

I. 用于企业转变的章程
a. 企业能够和应该成为什么样子的有关构想
b. 企业构想必须充分考虑有关各方的长远合法利益诉求
c. 达成企业构想所需要采取的具体策略
d. 具体策略必须全盘考虑环境因素和组织要素

II. 构建强有力的执行网络
a. 与执行策略所涉及的核心力量建立支持性关系
b. 建立足以激发协同合作、高遵从度和必要团队意识的稳固关系
c. 构建具有高涨工作积极性的核心团队
d. 核心团队成员以实现企业构想为己任，攻坚克难

图 2-1　复杂组织结构中的高效领导力

回顾近期的研究成果，我们也清晰地认识到，关于构想的提出、工作积极性的激励等诸多方面，倘若我们只是浮于表面，将表象错当本质，那么我们所看到的将是巨大的差异性，而不是共通性。研究中所接触的人形形色色，他们的职业身份（市长、企业高管等等）、胖瘦、年龄、性格（坚毅、柔和等）、政治派别（民主党、共和党）、思想认知（激进、保守）和处事风格（兼听则明、乾纲独断）均具有差异性。从表象上看，他们的处事

风格存在差异性。例如，虽然玛丽·凯化妆品公司（Mary Kay Cosmetics）董事长玛丽·凯·阿什（Mary Kay Ash）和李·亚科卡的处事风格千差万别，但我们有理由相信，他们都展现了图 2-1 所概括的高效领导力原则。毫无疑问，作为克莱斯勒年轻的项目工程师，无论是沉迷于官僚作风的还是为项目提供了行之有效领导力的，他们的行为表象与亚科卡都是迥然不同的。确实如此，在这些案例中，倘若只关注个人风格和行为表象，我们将很难获得关于高效领导力的共通性结论。也正是因为人们习惯于关注这些浮于表面的因素，才使得当下对于高效领导力的讨论陷入了极大混乱。[7]

倘若我们回顾分析一下企业改变的来龙去脉，就能发现另一个非常重要的规律。研究结果显示，高效领导力非常像变色龙。大体上，表象的东西不过是具体情况中剥离的一个变量。[8] 从某种意义上，这个变量貌似“反映”了具体情况或者具体情况中的重要情景。[9] 或许是因为关系的复杂性，个人风格与具体情况之间关系的确切性质并不能被完全了解。但不管怎样，我们已对其背后所存在的原因有了基本认识，以便在下一章中进行深入探讨。

除此之外，近期的研究也为厘清“管理”与“领导力”之间的关系带来了一丝曙光。虽然近期的研究成果并没有平息这一争论，但根据现有的经验和证据，我们能够肯定的是，争论中所持的若干极端观点是毫无依据的，比如一个能管理的人肯定不能被领导，反之亦然。与此同时，研究成果也表明此争论中所反映出的一些主要问题是非常重要的，值得我们讨论。[1]

领导力与管理

经过五十多年的漫长演变，现代化管理逐步进入人们的视野。诚然，我们可以用许多不同的方式来阐释现代化管理，但究其本质，我们通常能找到其中的四或五个重要环节：

1.规划。规划指的是为达成既定目标所采取的科学逻辑演绎。为确保规划环节的顺利进行，多样的手法技巧被开发和尝试。

2.预算。预算是规划流程中的一部分，与企业的财政状况有关。

3.组织。构建与完成规划相关的正规结构、配备符合资质的员工、清晰界定每位员工的职责、在物质和职业规划上，为员工提供合理激励，并将相应的权力赋予他们。在此阶段中，同样有多样的手法技巧被开发和尝试，比如合益集团（Hay）的薪酬管理制度。

4.掌控。时刻掌握计划的推进情况并使用正规权力对推进过程中所出现的偏差进行妥善解决。这往往是通过工作总结会议来实现的。计划中有关财务状况的问题，通常需要类似于管理控制系统负责问题追踪和解决。

将这四点与图 2-1 进行比照，我们很快就能得出两个重要的推论。首先，管理与领导力并非互相对立、互相排斥的关系。在某些情

---

① 哈佛大学教授亚伯拉罕·扎拉兹尼克（Abraham Zaleznik）（1977）所撰写的一篇发人深省的文章中，这一问题被首次提出。

况下，有些人认为拥有适当背景和技能的人无法将管理和领导都做好，显然这一论断是毫无逻辑可言的。有些人进一步表示，管理和领导力相辅相成，甚至有时候是同质化关系。比如，提出一个包含睿智策略的章程通常需要涉及规划和预算。同理，构建一个拥有牢固组织结构的执行网络通常需要多方（比如领导层、人事部门）的协同合作。

然而，我们同时意识到，管理和领导力可能也不尽相同。规划并非一定要囊括关于未来长远发展的章程，反之亦然；行政部门所拥有的正规组织结构与构建关系融洽的网络是有区别的。同理，掌控员工的流程和激励员工的流程可能是有区别的。就一般意义而言，管理与领导力是不同的，管理更加正式、科学和系统，因此更具有通用性。换句话说，它更像是仰赖理性推理和反复测试而打造的具有清楚功能说明的一套工具或方法，它涵盖众多业务领域，并达到“处理方式同质化”之目的。就这一点，让我们看看哈罗德 · 吉尼（Harold Geneen）领导下的国际电话电报公司（International Telephone and Telegraph Corporation，ITT）。[①]吉尼大张旗鼓地动用手中的正式权力，以严明的纪律和规则管理所有处于关键岗位上的员工。这意味着持续不断地制订具体规划和预算，以便达成由吉尼提出的诸多财务目标，如“每年的每股盈利增长率（Earnings Per Share）保持在 15%”便是一个重要目标；采用有效的经济激励措施引导员工以“达成具体规划和预算目标”为已

① 想了解有关吉尼的更多详情，请参考艾伦（Allen）（1980）。

任，持之以恒，攻坚克难；构建周密的掌控机制（财务掌控机制、常态化的工作总结会议），并密切关注这些机制所产生的数据信息；以高标准、严要求，更加全面系统地开展上述工作。

20世纪60年代，国际电话电报公司的高层管理人员坚决贯彻落实吉尼的企业管理模式，将其运用于诸多业务领域，并取得了重大成功。其间，国际电话电报公司收购了几十个公司。通过吉尼的企业管理模式，这些公司变得更具竞争力，从而获取了更大的商业利益。在此过程中，企业总收入由1960年的8.11亿美元攀升至1970年的636亿美元，净收益增长了10倍（3800万增长至3.93亿美元）。总的说来，这是令人印象深刻的业绩表现。

然而，这种管理模式并非尽善尽美，它缺乏足量的领导力。在过去十年间，竞争强度的激增导致商业环境的不确定性和不可控性增多，使得企业在面对新变化时显得捉襟见肘。在全新的商业环境下，要将具体规划（除了非常短期的计划），尤其是财务规划做好变得更加困难（悲观一些的人可能会说这完全不可能）。将管理的侧重点放在正式结构、配套系统、职位描述等方面将会造就刻板与僵硬的管理模式，导致企业无法对具有竞争力的全新增长点做出迅速回应。试图掌控所有人的管理倾向抑制了创新和积极性的萌发，而创新和积极性的萌发恰恰是真正竞争环境下所极度需要的。倘若上述问题无法得到妥善解决，终将会导致糟糕的业绩表现。对于糟糕业绩，企业通常会添加更加繁复的管理流程，恶性循环（糟糕业绩—繁复管理流程—更糟糕的业绩—更繁复的管理流程）就会周而复始，永无宁日。在这些情况下，为了完成几乎不可能完成的财务目标，某些倍感压力的员工甚至会铤而走险，做出有悖职业道德的行为。

就这个问题而言，在国际电话电报公司的案例中是有生动体现的。在过去 10 年间，由于国际电话电报公司侧重于纪律严明的管理模式和极度有限的领导力，该公司收益急剧下降。该公司的业绩是所有大企业中表现最差的（1975 年至 1985 年，国际电话电报公司的净收益正在走下坡路）。[①]

“缺乏足量的领导力”，这句话则揭示了问题所在。强有力的管理偏向于“严苛僵化”，在没有领导力的情况下，管理常常会变得更加官僚主义，新颖的想法会变得越来越少，并出现掌控过度的情况。同理，强有力的领导力偏向于“变化无常”，在没有管理（用于掌控事务和了解现状）的情况下，领导力会演变为“吉姆·琼斯（Jim Jones）式”或“希特勒式”的癫狂。因此，管理和领导力都是需要的，不可偏废。倘若两者中的任意一个处于孤立无援的状态，皆会导致企业运转的反常情况。

在相对稳定和繁荣的时期，有限的领导力配备强有力的管理貌似是十分有效的（20 世纪 60 年代的国际电话电报公司确实如此）。而在混乱时期，强有力的领导力配备有限的管理貌似是必不可少的。而处于两种状态（稳定繁荣和混乱）之间，就像当下的

① 有些人也认为，企业的职业操守表现有时也非常糟糕。

某些时期，在很大程度上，领导力和管理都是需要的。

领导力与创业精神

当下，企业所需的“高效领导力”与我们通常所认知的“创业精神”既有相同之处，也有不同之处。比如，两者都涉及承担风险（“管理”却恰恰相反，它倾向于规避风险）。然而，与高效商业领导者不同，成功创业者常常非常独立、专精并求胜心切。平心而论，创业者的这些特点是不错的，但前提是他/她只负责自己专精的独立业务（在这种情况下，这些特点甚至有助于创业者）。然而，倘若将他们置身于一个因并购而变得盘根错节的集团公司，他们将面临一系列不可预见的问题。他们极少修改和拓展未来发展章程，以便将其余新建子公司的合理利益诉求囊括进去；他们极少扩充人力资源网络，以便将集团公司中的关键人物囊括进去。取而代之，他们继续以处理独立业务的方式运行集团公司。由于这样一种“执念”，他们迟早会遇到一系列愈加棘手的问题。倘若将数十名“特立独行”的人置身于同一个集团公司，接踵而至的冲突一定不亚于一场热战。

事实上，人们无法想象这样一种企业构想：数十或者数百人都在这个企业中扮演领导力角色，究其原因是因为人们习惯于将具有“高效领导力”的领导者和具有“创业精神”的人混为一谈。人们没有意识到这两者的区别是因为他们没有看过反映两者差异性的好例子，成功创业者所信奉的原则只是众多领导力类别中的一种。

根据我对于成功总经理的分析研究，我认为，从某些重要方面而言，当下大多数企业所需要的那种“高效领导力”与许多拥有“创业精神”的人是不同的。[①]“高效领导力”应该足够灵活和足够宽泛，能够在制定企业未来发展章程的时候将他人的合理想法考虑进去。“高效领导力”能够建立多元包容的支柱型人脉网络，不仅仅是与下属和顾客，也是与上级和同事。“高效领导力”不仅知晓如何竞争（在竞争强度激增的商业环境下，这是必要的），而且深谙如何协同合作（在复杂的组织结构中，这是必要的）。“高效领导力”拥有开阔的视野并得到衷心拥护，这或许是最重要的。在现代世界中，或许正是因为“高效领导力”的宽泛和笼统，许多人误用错用，从而产生了与“狭隘”和“专精”为伍的变异体（见图 2-2）。

	高效领导者	典型创业者
Ⅰ章程制定	制订章程和具体策略时考虑其他人员和团体的合理利益诉求	制订章程和具体策略时只考虑创业者所属利益小团体的重大关切，即使不利于企业的整体发展
Ⅱ人脉网络构建	构建包容多元的策略执行网络，包括高层、中层同事、下属和外部人士	构建一个只由下属组成的强大而凝聚的策略执行网络，有时甚至忽略了中层同事和高层的参与

图 2-2　在复杂组织结构中的高效领导者和典型创业者

① 请参考科特（1982），尤其是第 4 章。

领导力的 5 个特点

领导力是一个模糊的主题，关于它的看法不胜枚举。即便如此，在现代复杂组织结构的大背景下，我们对领导力做出一些基本描述还是有可能的。以下就是我们所得出的基本结论：

1. 对于复杂组织结构中的某些活动而言，“高效领导力”是一套流程。此流程有四大特点：制定企业未来发展章程，将流程中涉及的所有团体的长远合理利益诉求考虑进去；制定理性策略，坚定迈向既定章程；不断激励核心团队成员，他们的一举一动对执行具体策略至关重要。

2. 领导力不同于管理，尽管两者并非互不相容（的确，在当下，在越来越多的管理工作中，两者都是需要的）。管理的核心是另一套流程，通过科学系统（或多或少是这样）的手段和正式权力，完成规划、预算、组织和掌控。

3. 高效领导力不同于“创业精神”，尽管它们非常类似。成功创业者常常是（但并不一定是）非常独立、意志坚强、专精甚至认知狭隘的个体，他们并不适应复杂组织结构的需求，除非他们将自己当成真正意义上的首席执行官。

4. 领导力并非只是首席执行官或高级管理层的专属领域。在复杂组织结构的几乎所有层级，领导力都能被找到并愈发被需求。否则，在竞争如此激烈、商业环境如此复杂的当下，企业发展将举步维艰。

5. 在不同行业或同一企业的不同层级，领导力的真面目（无论这是否涉及雪茄和粗哑声线、歌曲喜好和粉色凯迪拉克或者比这些更加微妙的东西）是有差异的。这些差异性往往能反映出所处具体环境的某些情况（比如人的秉性、所涉及活动的性质和规模）。从这个意义上来说，与高效领导力相关的方法或风格貌似常常能反映出它们所处的具体情况。

从我们这里所使用的领导力定义来看，这种领导力并不等同于许多备受推崇的刻板印象或简易办法，它更加复杂和微妙。考虑到当下商业环境极其复杂的本性，这并非是一个出乎所有人意料之外的结论。

我们在这里所得出的最终结论，以及之前所形成的若干认知都是非常重要的，因为这为我们下一步的分析研究（为了产生此种领导力，人们必须具备哪些个体特质）明确了方向。接下来的这一步是必不可少的，因为要理解第一章所描述的大背景转变背后的含义，我们不仅要知晓高效领导力在当下意味着什么，还要了解必须具备哪些特质才能获得这种领导力。

第 3 章

新型领导者的轮廓：个人特质经典模型

日常生活中，我们对于领导力和领导者的谈论往往笼罩着神秘的气息。言下之意，拥有领导力的人无一例外都是传奇人物，无法通过理性分析进行解读。

诚然，企业当下所需要的那种领导力是复杂的，但绝非超出我们的分析能力。所以从宏观上对领导力进行描述是可能的，就像我们在第 2 章中所做出的尝试一样。除此之外，探讨领导力的前因（比如提供领导力的先决条件是什么）也是有可能的。这就是本章的探讨目标。

必要的个人特质

至少在重大工作中，提供高效领导力往往是一项艰巨的任务。倘若它轻而易举就能获得，那么我们将在历史的长河中洞见大量的高效领导力。事实上，即使是在最简单明了的情况下，企业只有满足了一系列必要条件才能制定出章程和具体策略，激发出团队意识和工作积极性。然而，简单明了已不再是当下的常态，取而代之的是错综复杂。

倘若团队规模较小、人员情况单一、所涉技术简易、产品生产线有限、市场情况同质化，那么高层管理者只需要为竞争强度所带来的某些事务提供领导力即可。而当团队规模庞大、人员情况多元、所涉技术和产品繁多且复杂时，高层管理者所面临的领导力问题则更具挑战。[1]

当遇到诸如规模庞大、技术和产品复杂化的情况时，所能找到的最好的经验证据[2]告诉我们，要在这样的情况下制定智慧的章程通常要以海量资讯为依托——特定产品、技术、市场和人力资源。没有这些资讯，想要制定出绝佳的章程和具体策略，想要判断别人提出的章程和具体策略是否可行，纯属天方夜谭。除此之外，还需具备敏锐的头脑——恰如其分的分析能力、进行策略分析和多维度分析的能力以及良好的商业判断力——将所有相关信息进行有效整合，形成合理章程。令我感到担忧的是，我们往往陷入充满浪漫与虚无的怪圈而无法自拔，天真地认为伟大的章程源自不可思议的魔法或上天的恩赐，而真实的商业世界极少如此（假如曾经发生过的话）。伟大章程的诞生仰赖于坚韧的信念、在海量资讯中付出持之以恒的辛劳以及能够洞见（无论是源于自己的思考还是他人的建言献策）有趣的规律和新的可能。

所以，当遇到以上情况时，最好的经验证据告诉我们，为了将合理章程落实到位，吸引和维系一个庞大的人脉网络是有必要的，而这通常需要：第一，令人印象深刻的业绩记录和良好声誉；第二，与所在行业或所在企业或两者的众多相关人士建立牢固且富有合作精神的工作关系；第三，人际交往能力和正直诚实的秉性，以便在形形色色的人群中建立可靠关系。诚然，俊朗的脸庞、临场的机智和些许的人格魅力是有帮助的，但这些和在社交中所展现出来的领导力特质相比较，其在商业活动中是远远不够的。激励人脉网络中的关键人物以“落实既定章程为己任”，不断攻坚克难，这需要高超的沟通能力和极其敏锐的洞察力，才能在与章程落实有关的各色人等中如鱼得水，如虎添翼。

正是由于满足上述必要条件所面临的固有困难，对于高层管理职务来说，高效领导力貌似还需要充沛的精力以及利用这些精力来提供领导力的深切渴望（而不是将这些精力用于其他目的）。这意味着一个具有强烈上进心和自信心的人，他/她将内驱力用于获取和使用权力，并通过他人的协助达成既定目标。[3]

将所有这些必要条件归纳整理（见图 3-1），我们得到了一张冗长而复杂的清单。考虑到我们所面临问题的复杂性，这张清单或许还无法令人满意。但这确实是一个极其重要的东西，尽管在很大程度上是不言自明的认知：当下的商界，对于高层管理人员来说，高效领导力至关重要。

的确，当下的商界，只有极少数人能像亚科卡一样帮助克莱斯勒重整旗鼓，或许是因为极少数人拥有图 3-1 所展示的所有个人特质。通常情况下，高层管理人员总是对于企业涉及业务的某些方面非常熟悉，而对于其他方面则知之甚少；与某些关键人物交情颇深，而对另一些关键人物则非常陌生；拥有优秀而非卓越的业绩记录和声誉；在某些涉及专业知识储备或人际交往能力的任务中表现出色，而在其他方面表现平平。事实上，当下完全符合图 3-1 所有特质的人凤毛麟角，多数人偏向于“专精”。

I. 关于所处行业和组织结构的知识

- 对所处行业拥有广博的知识储备（市场、竞争、产品、技术）
- 对所处组织结构拥有广博的知识储备（关键人物以及如何让他们正常运转、企业文化、企业发展史、企业的体制机制）

II. 所在企业和行业所建立的关系

- 在所处企业和行业中，建立广泛而稳固的关系

III. 声誉和业绩记录

- 在涉及方方面面的一系列活动中积累卓越的声誉和业绩记录

IV. 能力技巧

- 敏锐的头脑（恰如其分的分析能力、良好的商业判断力、进行策略分析和多维度分析的能力）
- 良好的人际交往能力（快速构建良好工作关系的能力、同理心、说服力、对于人和人性的敏锐度）

V. 个人价值观

- 正直诚信（对所涉及的有关人员和团体给予足够重视）

VI. 上进心/积极性

- 精力充沛
- 提供领导力的强大内驱力（对于权力和成就的渴望来源于自信心）

图 3-1　复杂组织结构中，高层管理职务所需高效领导力的若干必要条件

中低管理阶层需具备的个人特质

就像人们所期待的一样，对于中低管理阶层而言，倘若将高效领导力需具备的个人特质汇总成文，其长度不会那么令人生畏。然而，从严格意义上来说，其长度也不会那么的短小精悍。[4]

即使是从事并不复杂组织结构中最微小的工作，了解所处环境的情况仍然是领导力所需要的，这比工作所涉及的技术要求更加宽泛。因此，与正式等级结构所涉及的人员建立良好工作关系、最低限度的专业知识储备或人际交往能力、正直诚信、最低限度的精力储备和提供领导力的强大内驱力，这些都是需要的。换句话说，在当下，无论是从事中层管理工作还是专业技能工作，尽管不需要超人般的天赋异禀来提供高效领导力，他/她仍然需要众多为自己所用的其他东西。在中低阶层中，我们难以找到足量的典型案例来反映高效领导力。部分原因是因为即使我们比照这份篇幅有限的特质清单，符合条件的人依旧凤毛麟角。一次又一次的比照，我们往往只能找到能力和职场经验的“狭隘”和“专精”，这种“狭隘”和“专精”削弱了企业在诸多方面所做出的努力：制订章程和策略、激发协同合作意识和工作积极性（另一部分原因与高级管理层允许下属彰显领导力的意愿有关，我们稍后将对此进行更加详尽的探讨）。

对比：“管理”所需要的特质

为了更加充分地理解图 3-1，考虑一下在复杂组织结构中，高级管理职务所需高效“管理”的相应必要条件清单是益处良多的。

首先，知识储备（图 3-1 中的Ⅰ）要求就很不一样。高效“管理”需要对企业的规章制度了如指掌，而规章制度恰恰是现代管理的重要组成部分：企业在规划、组织、预算、掌控、人员配备等诸多方面所遵循的方法流程。与领导力不同，“管理”并不需要对所处环境的情况了如指掌。职业“管理”者的整体概念正是基于这一点。

对于建立关系的要求也是有所不同的。从某种意义上说，“管理”当中建立的关系更加简单易行。“管理”职务的假定前提（倘若这类职务在构造设计方面是正确的）是，能在需要协同合作的人当中树立正规且有效的权威。从“管理”专业术语的角度看，长久以来，这一假定前提在这句话中得到充分体现：正规权威与所承担的责任义务是对等的。[5] 倘若如此，即使事先没有在组织结构上或行业内构建稳固的工作关系，他/她也应该能做好职务所赋予的管理工作。关于“职业‘管理’者能够管理任何地方”的观念正是基于这一点。

高效“管理”是否像高效领导力一样，必须拥有真正意义上的“过往经历”（图 3-1 中的Ⅲ），这个问题的答案并非那么显而易见。过往经历对于任何工作或职业都是有帮助的，管理经验也不例外。然而，如下场景也是时有发生的，绝非凭空臆想：尽管他/她在规划、组织和掌控方面表现出色，但并不具备声誉和业绩记录使其成为具有可信度的领导者。

就能力技巧（图 3-1 中的Ⅳ）而言，显而易见，“管理”者确实需要最低限度的分析能力、记忆力和判断力。然而，究其本质，与领导力相比，“管理”职能对于高超人际交往能力的需求要低得多。

就图 3-1 的最后两点（个人价值观、上进心/积极性）而言，要非黑即白地评判“管理”和“领导力”在最后两点上的不同需求是困难的。在复杂环境下，无论是“管理”还是“领导力”，两者都需要充沛的精力，尽管它们的内驱力或许有所不同（对于“管理”而言，其内驱力或许仅仅是掌控事物）。同样的，正直诚实对两者都很重要，尽管其重要性在“领导力”上相对可能偏高。[6]

综上所述，高效“管理”所需要的特质与“领导力”是不同的，而且在许多方面，高效“管理”所需要的特质更简单明了。这倒不是说在复杂环境下提供高效“管理”往往是轻而易举、一蹴而就的事情。在大多数情况下，这种“轻而易举”的误解同样是在歪曲事实。不过，相对来说，提供高效“领导力”所需要的特质更加复杂，所需倾注的努力更加巨大。

然而，这里的分析结果也强加给我们一个先前所得出的结论（第 2 章）：从本质上看，“管理”和“领导力”所需的必要条件并不冲突。换句话说，在某些情况下，他/她无法同时提供高效“领导力”和高效“管理”，可是这种说法是没有事实依据的，是站不住脚的。不过，倘若要将两者的必要条件“合并同类项”的话，清单列表的篇幅将极度冗长。鉴于当下对既能“管理”又能提供“领导力”的全能管理者的迫切需求，我们此处所提及的这一结论具有重要意义。

追根溯源

将我们的分析再往前推一步，有人会问：这些个体特质究竟从何而来呢？多少是生而有之的（假设有的话）？哪些是在童年阶段、学生时代或者职业生涯中产生的（假设有的话）？

要回答这些至关重要的问题，我们只需要对图 3-1 进行大致分析，便能略知一二。具体如下：

- 某些领导力特质或许是生而有之的：心智能力和人际交往能力（图 3-1 中Ⅳ的一部分），以及与充沛精力挂钩的身体素质（图 3-1 中Ⅵ的一部分）。除此之外，其他某些特质的获得是建立在与生俱来的能力基础之上的（比如，倘若没有最低限度的智力水平，相关能力技巧的获得便无从谈起）。尽管如此，我们的分析结果也对过去的某些说教观念进行了一定程度的否定，“领导者纯属与生俱来，而非后天习得”就是其中之一。图 3-1 所展示的大多数特质皆可后天习得，而非天赋所决定。
- 毫无疑问，某些特质在人生的早期阶段已经生根发芽。图 3-1 中Ⅴ和Ⅵ（个人价值观、上进心/积极性）的大部分，以及Ⅳ（能力技巧）的一部分皆属此类。有人或许会说，就领导力而言，弗洛伊德的理论是有帮助的，但绝非充分条件。
- 某些特质或许是通过教育体制的培养而形成的。在当下，除了极其有限的一部分能力技巧外，图 3-1 所展现的诸多特质并未在大多数学校（包括商学院）中得到充分培养。[7] 这倒不是说学校没有能力投入更多，不过是意愿不强罢了。

- 图 3-1 所展现的所有特质中，进入职场才逐渐形成的特质占比惊人。几乎所有的知识储备、关系和过往经历（图 3-1 中的Ⅰ、Ⅱ和Ⅲ）皆属此类。Ⅳ（能力技巧）和Ⅵ（上进心/积极性）中的部分特质也属于此类。[8]

上述各点经整理形成图 3-2。

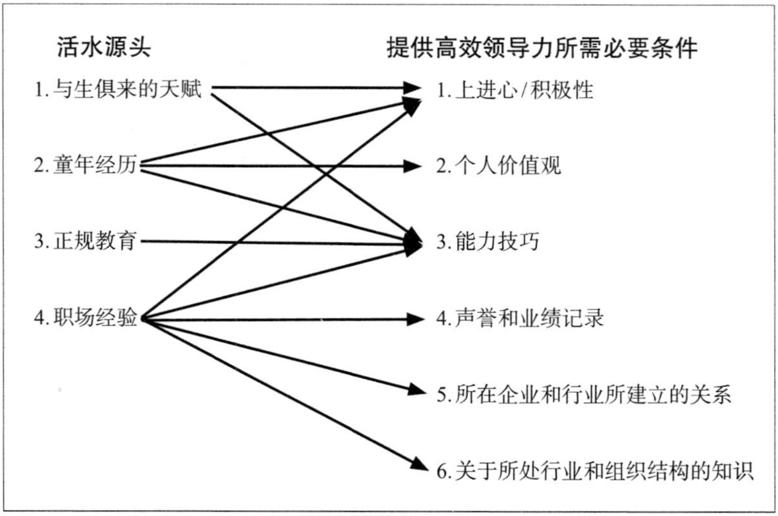

图 3-2 提供高效领导力所需必要条件的活水源头

注：只显示初始效应（直接因果关系偏弱的没有展示在本图中，比如正规教育与个人价值观之间的关系）。

图 3-2 所展现的诸多推论与我对于高效总经理的实证研究成果相一致。[①] 这些高效总经理能够达成自己的既定目标，很大程度上是因为他们能提供高效领导力，因此回顾他们从出生到儿童早期到正规教育再到职场生涯的诸多经历是有必要的。正是由于这些经历所造成的集聚效果为领导力提供了宝贵财富。

再者，将上述推论与高效“管理”所需特质（必要条件）的活水源头进行简略比照是有益的，因为两者间的确有所不同。

虽然“管理”的有些必要条件是与生俱来的（基本的智力水平），有些是儿童早期形成的（上进心/积极性），但其中一个重要的（如果不是占主导地位的）必要条件是从正规教育或职场经验中获得的（知识需求）。过去，与“管理”有关的规章制度大部分是从工作中获得的。而当下，越来越多的人通过大学教育或企业培训，以更“短平快”的方式学习与此相关的知识。在过去 20 年间，这类教育培训的需求量呈火箭式上升。[②] 显而易见，无论是针对企业还是有意成为优秀“管理”者的个人，我们所得出的结论是，与传统方式相比，当下所推崇的教育培训方式更有利于对“管理”基本原则的学习。

---

① 请参考科特（1982）第 3 章。

② 根据国际高等商学院协会（The Association to Advance College Schools of Business，AACSB）和布里克管理教育服务（Bricker Executive Education Service）提供的数据显示，每年，工商管理硕士学位获得者以 10 倍的速度递增，由大学提供的管理培训教育课程的增速更加惊人。

戴维·康诺利[①]（David Connolly）：一名年轻商业领导者的案例

在我所遇到的人中，戴维·康诺利绝对是一个典型人物。在组织结构错综复杂的企业中，他展现出了高效的领导力。为什么像戴维这样的人能够达成自己的既定目标呢？从表面上看，这个问题的答案并非显而易见。对此，尽管高效领导者的身边人会给出五花八门的看法，但通过对其所处情境的细致分析，我们差不多总能得出与图 3-1 和图 3-2 相吻合的结论。

让我们看看戴维的案例，几乎所有熟知戴维的人都会承认，在整顿那个境况不佳的小型分公司时，这位年轻人（时年 35 岁）展现了高效的商业领导力。大多数人也都会承认，这次有效尝试的关键，莫过于为该小型分公司制定了一个全新的未来发展章程，还有为达成这一章程所制定的精明策略以及将小型分公司人员与涉及该章程和策略的集团其他人员拧成一股绳和在小型分公司内部建立极富进取心的管理团队。然而，人们的共识似乎到这里就结束了。至于戴维为什么能成功营造出所有这些高效领导力的必要条件，人们众说纷纭。

有人说戴维的成功是侥幸所得，有人说他的成功源自天赋异禀，有人拿他和企业董事长的关系做文章，有人注重他的人际交往能力或智力，还有人关注他的内驱力（或正直诚实）等。

通过对戴维过往经历的细致分析，我们发现上述观点只能说

① 这是一个化名。

是部分正确，人们皆因顾此失彼而忽略了事实的全貌。

戴维出生在一个中产阶级家庭，其父母育有五个孩子，他是家中的老大。父亲是一家大型企业的经理。小时候，戴维看上去是一个阳光且精力充沛的孩子。无论是人际交往上还是情感表达上，他看上去都非常“平常”——既不是尴尬不安的孤僻少年，也不是与生俱来的领导者和交际能人。不过凭借着过人的智力、稳定的情绪和充沛的精力，他在学校表现优异。这使他有机会就读于极好的私立高中、知名的综合大学，以及接受顶尖工商管理硕士课程的熏陶。

获得工商管理硕士学位后，戴维来到AX实业集团[①]（AX Industries）,担任金融分析师。5年间，他在一个财务团队中负责各种项目的相关事宜，这个财务团队将项目进展情况直接向财务总监汇报。尽管工作并非时刻充满激情，但它有利于戴维最明显优势的发挥——敏锐的头脑，并在经济和商业事务中训练有素。由于出色的表现，他逐渐接触到涉及领域更广的大项目，其中就包括对企业并购策略的研究。在研究过程中，他有机会进一步接触AX的高层人物、律师顾问和投资银行家。其间，有些人发现戴维傲慢自大且不谙世事，没人把他当作领导者。不过，旁人的看法并没有妨碍他的工作，因为从本质上看，他当时只是一名普通员工。

---

① 并未查到这家企业，作者此处应该也采用了化名。——译者注

眼看戴维在AX的第5年就要以平淡结尾，一直到董事会的新任董事长读了一份他撰写的分析报告，事情才有了变化。令人印象深刻的报告内容促使董事长做出新的人事任命：任命戴维为自己的私人秘书。戴维以高昂的工作热情接受了此次任命，并在这一职务上干了将近3年。

作为董事长的私人秘书，康诺利对于AX的各职能部门和业务领域有了更加宏观的认识。他还认识了企业的整个高级管理层并有机会近距离观察他们，这其中就包括该企业最优秀的一批管理人才。工作过程中，康诺利继续塑造自己的声誉，逐渐将自己打造成优秀员工。与此同时，他还逐渐学会了谦逊的作风和人情世故。

接下来，戴维担任AX财务副总经理的私人秘书。工作过程中，他开始打理一个价值数百万美元的证券投资组合，并继续为董事长处理一些特别项目。他也更加频繁地参与集团最高层的一些决策进程。现在，他不仅出席一些会议，并且参与其中，开始发挥自己的智慧和影响力。

两年后，董事长任命戴维为集团副总经理的私人秘书，开始进军AX集团发展迅猛的业务领域。其中就包括Zodiac，这是集团旗下的一家正在亏损的只有50名员工的小型分公司。戴维担任集团副总经理的私人秘书刚满6个月的时候，Zodiac的主要负责人被罢免，戴维成为新任命的分公司总经理。

戴维，一个毫无基层管理经验的年轻员工被任命为分公司总经理。对此，AX的许多人倍感惊讶。让更多人感到惊讶的是，戴维居然在这个职务上取得了前所未有的成功。3年后，当戴维卸任该职务时，Zodiac拥有了全新的管理团队、更加合理的经营机制、质量更优的产品，以及情况正常的账本底线①。有些人纳闷，这个经验尚浅的傲慢家伙是如何提供如此强大的商业领导力的呢？

总体说来，戴维为Zodiac注入了多元的宝贵财富，而这些是他的前任（被罢免的那位）所不曾拥有的。尽管前任总经理对Zodiac的某些方面知之甚多，但他却不曾拥有对所处行业的宏观认知，而这恰恰是戴维从之前所从事的行业分析工作（其他相关工作）和所参与的高层管理会议中逐渐获得的。与前任不同，戴维拥有与AX最高层的良好联系、响彻集团的牢固声誉（青年才俊）、敏锐的头脑或分析能力或充沛的精力。除此之外，他的前任终其一生都不曾拥有近距离观察杰出商业领导者的宝贵机会。

凭借自己所拥有的额外“财富”，戴维使分公司的诸多方面回归正轨，这是其前任所无法达成的。他利用自己建立的关系和声誉在分公司员工和集团其他人员之间达成一定程度的共识，促进协同合作。他还利用自己对于所处行业的宏观认知、对于高级管理层所制定目标的准确理解、敏锐的头脑、强大的分析能力和已经建立的诸多稳固关系，制定更好的未来发展章程和更清晰的具

① 企业的总收入扣除业务成本、折旧、利息、税款和其他开支之后的所得或者收入余额就是净收入。净收入是财务损益表的最后一行，所以也叫作账本底线。——译者注

体策略。他又利用自己在AX的综合影响力优化Zodiac的员工素质（在全新的章程和具体策略激励下，员工拥有强烈的上进心）和协同合作水平。一旦这些事情开始朝着正确的轨道发展，终有量变到质变的一天。

取得巨大成功的同时，戴维也学会了一些重要的事情，尤其是领导力所涉及的人际交往能力。他身上残留的大部分傲慢自大也基本消失殆尽。他的良好声誉、业绩记录和自信心得到进一步提升。所有这些都强化了他的个人能力，为其未来在AX更高的职务上展现更高效的领导力提供能力保障。

为什么像康诺利这样的人能够在商业环境下提供高效领导力？这个问题要解释得极其准确是不可能的。然而，正如同康诺利的案例一样，细致分析往往能得出如下的结论：倘若没有足量的相关知识储备、关系、业绩记录、声誉、能力、上进心和充沛精力，任何领导者都是无法制定未来章程和具体策略的，也无法营造协同合作和工作积极性；而提供高效领导力的这些必要条件是由天赋、童年经历、正规教育和大量非常重要的职场节点共同塑造而形成的。

若干启示

正如我们本章所讨论的，探讨当下提供高效领导力所需必要条件以及这些必要条件的活水源头是有必要的，因为通过此种分析，我们能获得若干重要启示。

首先，分析结果证实了一个常识性的概念：并不是每个人都有提供领导力的潜质。天赋与童年早期经历已然把一些个体排除在外，这个数量可能是巨大的。然而，即使地球上 99% 的人口不具备最低限度的智力水准、人际交往能力、上进心、正直诚实和充沛精力（这个假设是不大可能发生的），依然还有数百万的候选人，他们或许能帮助企业应对竞争强度的激增和商业环境的复杂多变。换句话说，分析结果并没有为某些精英化观点提供事实依据，比如像“本质上看，要培养一大批能够展现领导力的管理人才是无法实现的”，诸如此类的观点。

尽管如此，分析结果表明，打造一支拥有领导力的强大管理团队可能比打造一支精于“管理”的团队更加困难。最有力的研究证据显示，培养一位高效的商业“领导者”比培养一位高效的商业“管理者”要复杂得多（尽管培养高效商业管理者绝非易事）。那么，要培养一位具有领导力的高效商业管理者，其复杂程度可想而知。

这些启示是重要的，因为它们表明，对于企业来说，要适应第 1 章中所描述的全新商业氛围可能是极度困难的（尽管这并非不可能完成的任务）。通过上述的分析，读者没有理由认为，将一群典型的“管理”者打造成为既能“管理”又能领导的宝贵人力资源是一件轻而易举的事情。与此相对，读者更有理由相信，彻底扭转一个非常弱势的管理团队是极度困难的。倘若该团队缺乏与上进心、核心价值观或者基本技能相关的某些必要条件（弱势的团队通常都是这样），无论耗费多少时间和金钱，无论进行何种尝试都是枉然的。而这些必要条件是遗传基因和儿童早期经历所共同塑造的产物。当然，他/她能够招募一批具有这些必要条件的全新管理人才，但通常情况下，哪怕是最好的外部招聘人员都无法完全符合知识储备和关系要求（图 3-1 中的I和II），尽管他/她很有潜力。换句话说，他们对于企业本身、企业文化和企业人员构造不够了解，无法因地制宜，制定合理章程；他们与所在企业的相关人员还未建立良好的工作关系，无法构建相对应的执行网络。分析结果表明，要在一大群有潜力的外部招聘人员或资历尚浅的业内人士中培养这些必要条件（也包括图 3-1 中其余的那些）可能需要耗费漫长的时间，这取决于企业的复杂程度。

在本书的第 2 部分，我们将从实证角度检验上述这些结论。与此同时，我们将进一步厘清当下企业所面临的领导力挑战的明确特征。随后，在本书的第三部分，我们试图寻求领导力挑战的解决之法。

2 领导力的缺失时刻

第 4 章

“西部百货”案例：领导力缺失的两个主要症结

人们普遍认为，第 2 章和第 3 章中所描述的那种高效领导力，有时在企业中会出现完全缺失的情况。在过去 20 年的深入研究中，我认为西部百货[1]是这方面的一个非常典型的案例。换句话说，虽然研究该企业的诸多敏锐观察者无法给出任何准确评估，然而他们似乎都认为 20 世纪 70 年代晚期，西部百货的管理层均无法提供高效领导力。他们还认为，像杰拉尔德 · 斯坦顿（Gerald Stanton）这样的故事更能生动地反映西部百货领导力的匮乏，以及这种情况对企业所产生的影响。

杰拉尔德 · 斯坦顿的故事

“西部百货”是开创美国现代百货先河的一家企业。企业开办初期，产品种类比较单一。到了 1975 年，“西部百货”已成长为西南地区一家拥有 4 条主要产品生产线和一系列零售商店的规模企业。早在 1978 年，该行业的一名分析师就对西部百货做过如下点评：

过去，西部百货是一家非常成功的企业，甚至可以说是“过分成功”。在20世纪早期相当长的一段时间里，该企业在某些领域的优势十分明显，以至于其将自身塑造成一个积极主动或敏锐的市场竞争者，完全不必要。毫无疑问，在过去十年间，正是这种心态给企业造成了不良影响。

尽管西部百货依旧是一个效益良好且重要的市场竞争者，但已不再是市场上占主导地位的企业。当下，新兴企业不断应运而生，它们更加积极并主动作为，这加快了生产进程，开发了新的产品，获得了更多的利润。过去56年间，西部百货的高级管理层采取各类纠正性措施，试图扭转局面，但企业本身仍然过于集权制和官僚化，众多老员工依旧无法在全新的竞争环境下表现优异。

西部百货最薄弱的一环莫过于零售部门。令我们感到纳闷的是，面对整个零售团队勉强维持收支平衡或陷入亏损的尴尬窘境，西部百货为何不放弃零售行业，寻求转型升级。当然，零售部是一个非常值得关注的部门，高级管理层有意将其打造成一条重要的销售渠道。然而，该部门现今的管理貌似遇到了瓶颈，无法在零售领域盈利。除此之外，在吸引和留住优秀青年人才方面，该部门同样举步维艰。[2]

1978年，作为零售部门人事困境的一个最明显的例外，杰拉尔德·斯坦顿的故事引起了我们的高度关注。在得克萨斯州（Texas）的一所大学获得工商管理硕士学位后不久，斯坦顿便加入了西部百货。短暂从事初始分配工作后，他被任命为西部百货其中一家零售商店的部门经理。30 岁生日前夕，他升任为该零售商店经理，成为零售部门担任此职务最年轻的员工。两年后，他进入总部，在零售部门担任行政职务。工作 1 年后，他担任广告促销部经理，直接向零售商店副总裁汇报工作。

按照西部百货的人事任免标准，斯坦顿初次升职的时间来得太快，又有些不同寻常。一般来说，大部分商店经理的年龄都在 40 多岁。斯坦顿之所以升职如此之快，貌似能够成立的理由是作为一名年轻人，他给外界留下了性格开朗、勤劳刻苦的良好印象，他能够敏锐地发觉旁人还未注意到的问题并妥善解决，从而建立起自己的声誉。在上司们的眼里，斯坦顿是一位目标明确、对数字敏感、正直诚实且风趣幽默的员工。在他的绩效评估表中，唯一的弱项是“协调能力”。尽管如此，管理层认为随着时间的推移，他会逐步具备此项能力。

其实，上司们对他的印象并不深刻。他们中的许多人认为他既缺乏远景规划能力，也没有鼓舞人心的个人魅力。除此之外，上司们所仰赖的庞大官僚体系充满着无穷无尽的烦恼。然而，斯坦顿默默地承受这一切，因为他的事业发展貌似出奇地好。

1978 年 1 月 10 日，斯坦顿正在列席西部百货达拉斯（Dallas）总部的常务会议。其间，他的上司，弗洛伊德 · 拉帕塔（Floyd LaPatta）把他叫出来。拉帕塔说自己马上要被调往西部百货的另外一个部门，并推荐斯坦顿接替自己的位子。对于斯坦顿来说，这意味着职责的大幅提升。之前他所管理的人员数量不过数十人，而接替拉帕塔的位子意味着：他大约要管理600人，预算数目将突破天际，他将成为西部百货两个最年轻的副总裁之一。拉帕塔表示，倘若斯坦顿对此举有任何保留意见，务必在接下来的24小时内，在拉帕塔向企业高级管理层做出正式举荐前明确提出。

提供给斯坦顿的这个职务隶属于62岁的乔·克拉克（Joe Clark），他是零售部门总负责人（见图4-1）。克拉克在西部百货的工龄将近35年，担任零售部门总负责人也有10年时间。起初，他在西部百货的一家零售商店工作，随后在零售业务的销售规划领域干了20年时间。自从20世纪70年代早期，他一直活跃于公司之外的多个行业协会。他到处出差，出差期间，零售商店副总裁将以非正式的名义全面负责零售部门的工作。西部百货的大部分员工认为，在高级管理层中，克拉克是能力最差、最不受敬重的人。他之所以能留任此职务仅仅是因为他快要退休了。

当时共有18个人直接隶属于零售商店副总裁，他们中的大多数都是大型零售商店的经理，其助理同样隶属于副总裁，他的地位仅次于副总裁。

在零售商店副总裁的职务介绍中，罗列了诸多职责。总的来说，在职者需要负责所有零售商店的综合效益。这个职务要以成本中心（Cost Center）的方式进行核算（盈利状况是以整个部门的综合效益来计算的）。

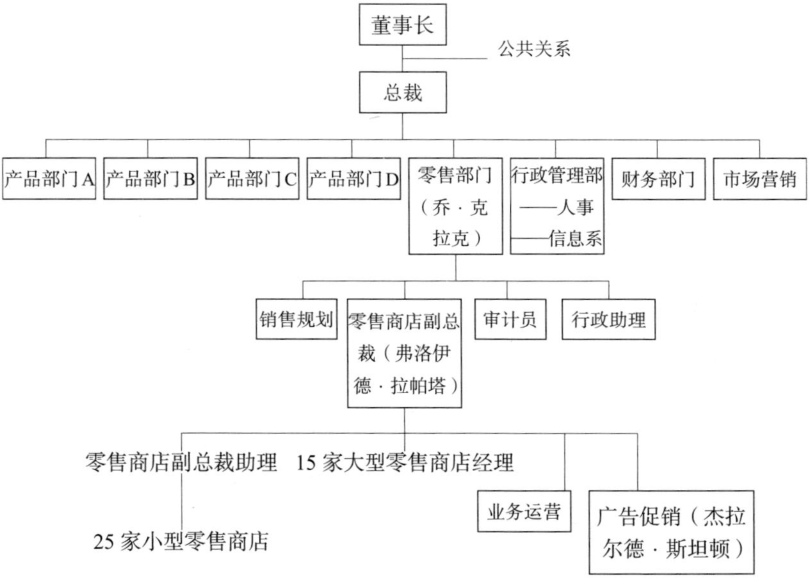

图 4-1 西部百货组织架构局部图

面对突如其来的抉择，斯坦顿并没有花太多时间就下定了决心，摆在他面前的只有两个现实选择：接受职务或卷铺盖走人。他确信，不接受上司的这个“提议”将会让自己深陷同事们所俗称的“受罚席”。[3]

斯坦顿当即应允了拉帕塔的提议。于是星期一上午 9:30，他被正式授予该职务。中午时分，人事任免公告向企业全体员工发布。“立即生效”，公告上如是写道，斯坦顿随即成为新一任零售商店副总裁，而他的前任上司（拉帕塔）被派往另外一个产品部门担任副总裁（这个职务之所以让拉帕塔接任，是因为上周四，他的前任在毫无征兆的情况下接受了西部百货一个竞争对手所提供的收入颇丰的工作）。

在接下来的6个星期里，为了能尽快熟悉这个极具挑战的职务，斯坦顿每天工作10至12个小时。他开始分析其部门所涉及行业的状况和该部门所采取的隐性竞争策略（压根就没有制定清晰明了的竞争策略）。通过对技术发展趋势和市场走势的研讨，他对于该部门糟糕业绩背后的深层次原因有了一些基本结论。他开始构建具有竞争力的部门运行模式，尽管当时还不成熟，但它从本质上描绘了零售部门的发展新蓝图。然后，“那件事”发生了。

某天早晨，7时许，斯坦顿在家中接到一位重要人物的电话，那是负责公共关系的高级副总裁打来的。“你看了今天的报纸吗？”电话那头传来一阵咆哮，“你赶紧看看今天的报纸，8:30来总裁办公室开会。”

达拉斯报纸的头版刊登了有关西部百货一家零售商店的故事，故事中的流言蜚语足以引起广大读者的好奇心。报道称，前天晚上，根据一位前西部百货员工所提供的线索情报，警方突击搜查了一家零售商店。在此次突袭搜查中，警方掌握了有力证据，证明该零售商店存在非法金融操作，且涉及金额巨大。

早上8:30，总裁办公室会议准时开始。列席会议的除了斯坦顿，还有十几个人。斯坦顿对他们中的大多数比较陌生（高级管理层成员的办公室位于单独的一个楼层，并且拥有独立的餐厅，因此他们与年轻管理者的接触少之又少）。会议很快达成共识，他们希望斯坦顿（斯坦顿的上司当时正在外地）在最短的时间内平息此事，将企业的经济损失降到最低，将针对西部百货的相关报道从头版上撤下来，对于任何涉事员工进行细致准确的辨别，并将涉嫌犯罪者移送司法机关。

在随后的 4 周时间里，斯坦顿接受了有关危机管理的在职教育。每天工作 12 至 14 个小时，他不断与警方、媒体、审计和企业公共关系人员等进行沟通。在此之前，斯坦顿从未遇见过如此棘手的局面。他向许多人寻求帮助，但这些人中的大部分他并不知晓。他完全没有获得上司的任何支持和帮助（上司出差的举动貌似是刻意想置身于当下危机之外）。所有关于零售部门新章程的思考被塞入书桌抽屉，完全被忽略。眼下形势危急，完全没有时间考虑这些。

依靠着决心、毅力、智慧和运气，疲惫不堪的斯坦顿成功地解决了此次危机事件。对于他处理困难局面的能力，高级管理层的部分成员给予了肯定。他自己也从此次危机事件的处理过程中获得了额外的自信。

伴随着危机事件告一段落，斯坦顿重新开始摸索并制定零售策略。当他试图为商店产品赋予全新定义时，未在任何产品部门工作过的履职经历确实成了一个问题，但他还是凭借敏锐的头脑和吃苦耐劳的精神将自己的想法向纵深推进。

在接下来的 6 个星期中，对某些基本想法，斯坦顿有了愈发清晰的认识。为了验证这些基本思路的可行性，他开始评估自己的部门是否有能力执行这些想法。相对来说，这一部分的分析研究是简单的。他所得出的结论是，零售部门不能承担这项任务。

看看各零售商店的管理层人员便可见一斑。他们中的大多数人从高中和社区大学毕业后就加入了西部百货。起先，他们在零售商店从事技术含量较低的工作，然后一步一步从零售商店部门经理助理到部门经理再到零售商店经理（所有职务都是在相同的零售商店）。通常说来，像斯坦顿这种有能力的年轻员工，只有极少数的人能到达零售商店经理的级别，大多数人因为懊恼和挫败而选择了离开西部百货。

斯坦顿绘制了一张部门结构图，对于该部门的运转模式进行全新规划。不出所料，这张图中有诸多空格子，亟待企业命名定义。正当斯坦顿准备与分管人事的行政管理部门反映这个问题时，第二场危机已悄然而至。

事情的来龙去脉大致是这样的：企业貌似有一款效益极好的产品。为此，其中一个产品部门耗费巨额资金优化该产品的生产效率。后来，有人发现，就该产品的销售速度来看，通过西部百货的零售商店要比别的销售手段快10倍，这种情况是前所未有的。可是幕后原因逐渐浮出水面，人们发现，这款产品在零售商店的效益并没有想象中那么好，生产出来的大批货物都积压在一个废弃的仓库后面，加上信号异常微弱的存货控制系统，这些堆砌于此的货物并未被发现。

咬牙切齿、推诿斗嘴和漫长而艰难的会议，成为了之后近两个月的真实写照。斯坦顿的注意力不得不再一次从长远性问题转移到艰难而耗费精力的现实问题上。他试图寻求团队中其他成员的帮助，以免危机占据他所有的时间，然而他在协调方面仍旧不十分擅长。事实上，能够真正提供帮助的人真是少之又少，而作为最有能力提供帮助的人，零售商店副总裁助理并没有显示出协同合作的热情和诚意。“你才是零售商店副总裁，我不在其位不谋其政”，这或许是这位助理的处事态度。

带着若干真正的战斗伤疤，斯坦顿艰难地度过了此次危机。危机妥善解决后，他身心俱疲。他在高级管理层和自己团队中的声誉大打折扣，并且由于此次危机，他与那个产品部门的一些关键人物关系紧张。所有这些都坚定了斯坦顿的决心，需对造成这些危机的人事和惯例进行大力整顿。

6 月 21 日，斯坦顿终于有机会与他的上司乔 · 克拉克坐下来探讨部门发展前景。其间，斯坦顿就该部门所存在的问题进行了清楚的分析说明，并提出了供参考的解决之法。这是他有史以来参加的最艰难的一次会议，会议只进行了半个小时就已经暗流汹涌，他的上司显然并不愿意听取斯坦顿的分析说明，因为他感觉到了这些做法可能带来的颠覆性影响。1 小时后，克拉克先生开始就一些细枝末节的琐事与斯坦顿辩论，这打乱了斯坦顿深思熟虑的演讲，慌乱中，他一度脱口而出道：“为什么你要为零售商店制定一个全新的策略？这并不是你的本职工作。”两小时后，还没等斯坦顿完成整个演讲，克拉克竟然推托说差点忘了还有另一个约会，便草草结束了会议。这次会议是一场灾难，斯坦顿的结论是正确的。

一周后，他将一些具体的人事安排呈送给上司：1人降职，1人被解聘，还有两位年轻（但开朗、有上进心）员工升职。上司说，他需要一些时间来研究这些人事安排，并谈及了可能让斯坦顿的人事安排受阻的数十条“人事政策”。随后，上司去外地出差，为期3周。

斯坦顿寻求行政管理部门的帮助，尽管那里有一位尽职尽责的工作人员，帮助斯坦顿在西部百货的其他部门找寻可用人才，但依然毫无实质性进展。总是有人找各种各样的借口来“辩解”：将某人调入零售部门是不明智的，即使是针对过往经历单薄、急需增长见识的潜力员工也不例外。

没过多久，新的危机再次出现。至于此次危机的细节，这里不再赘述，因为它与我们的研究目标并无多大关系。我们只需要知道，这次危机再次占据了斯坦顿的大部分时间和精力。当此次危机告一段落后，他再次尝试让上司考虑自己所提出的若干重大改革计划，但均以失败告终。没过多久，新的危机再次出现。

斯坦顿任职两年后，他的上司宣布卸任。一位之前负责某个产品部门的高级主管接任零售部门总裁一职。新上司花了3个月的时间评估零售部门目前的状况，并总结道：过去两年，斯坦顿的工作表现勉强可以接受。“零售商店需要有全新的策略导向，其组织结构也亟待加强。”新上司说，“而在这两方面，你所做出的改变都是微乎其微的。你的工作表现并不好。”于是，他将斯坦顿调到一个不那么重要的岗位上，并将弗洛伊德·拉帕塔召回，重新担任零售商店副总裁。

斯坦顿认为新上司所做出的决定有失公允，并试图获得申述的机会。然而，他所面临的是一个反应迟缓并极度保守的人事官僚体系。

他在那个不太重要的职务上待了一段时间，然后选择离职。4 个月后，在一次人事规划会议上，有人问道，为什么如此有潜质的年轻员工选择默默离开。但在列席会议的人员中，貌似没人愿意过多地谈论这个问题。

西部百货的根本问题

在西部百货漫长的企业历史中，我们唯独对斯坦顿的故事进行详细描述，原因有三：第一，20 世纪 70 年代晚期，西部百货所发生的大部分事件与斯坦顿的故事有特征上的雷同；第二，斯坦顿的故事与西部百货所面临的领导力问题息息相关；第三，斯坦顿的故事并非个例，我们在领导力薄弱的诸多企业中总能找到类似现象。

在西部百货，斯坦顿的故事是极为普遍的，不是因为大多数管理者像斯坦顿一样，而是因为企业中拥有太多像乔·克拉克这样的管理者。常见情况具体如下：

- 在西部百货，但凡有领导力潜质的人都会因为挫败、被忽视或者遭谩骂而选择离职。
- 在西部百货，无论处于哪个管理阶层，倘若他/她试图为企业提供必要领导力，总需要直面反应迟缓的官僚体系或上司设置的人为障碍。
- 在西部百货，除了本职工作，位于中低阶层的管理职务时常还要“救火”，这绝对是令人未老先衰的任务；不重视人才梯队建设，在为潜质员工提供策略制定和组织构建能力培训方面不到位，而这些能力都是他们迈向更高职务的敲门砖。
- 由于企业管理缺乏深度，所以大多数管理者都是在未做好充分准备的情况下，被硬“推”上更高职务的。
- 对于大多数管理者来说，将人员跨部门轮岗作为人才培养或部门建设的一种手段是不可能完成的目标（拉帕塔的情况属于特例）。
- 当管理者试图优化自己的团队时，他们往往会遭遇由于宽松的岗位招聘要求所造成的诸多障碍。
- 管理者极少获得上司的指导和支持，而实际上这无论是对于自我提升还是组织优化都是必要的。
- 倘若一名管理者未接受某次升职，他/她可能在未来数年内都很难再获得另一次升职机会（假如还有升职机会的话），即使管理者的委婉拒绝对于个人或者企业并无深远影响。

这些做法以及其余类似举动都成为西部百货的惯例。尽管许多高层管理者总是对这些做法的普遍性不予重视，但企业中无人为其普遍性所展现出的所谓“合理性”进行辩护。一位高级主管甚至在多次演讲中狠批企业的这种运转模式，有一些负责人事的管理者试图制订转变计划，希望获取更合理的结果。然而，尽管他们的动机是好的，但传统的企业运转模式依旧根深蒂固地存在着。这是由两股强大力量以直接和间接的方式共同形成的：

第一，短期业务压力。比如，某位处于关键职务的员工辞职了，这个职务对于季度目标的完成至关重要。然而，由于缺乏人才梯队建设，找不到合适的后备人才。于是，只能从企业的其他部门抽调尽可能符合条件的候选人。由于企业并没有为关键岗位可能出现的离职情况做好人才储备工作，所以接任者通常是在毫无准备的情况被硬“推”上关键岗位的。

第二，狭隘的权术博弈。比如，某个部门有职位空缺。对于其他部门的员工来说，这是极好的发展机遇。然而，这些职位却一直处于空缺状态。可能是其他部门的上司不愿意将自己的得力干将放走；也可能是职位空缺的部门不愿意将这些空缺职位提供给外来人员。又或许是因为空缺的职位已经许诺给内部人员，或者担心外来人员无法得到其他人的接纳。

在西部百货，无处不在的两股力量塑造着招聘策略、职业道路、工作环境等。它们间接（却“有条不紊”）地决定着企业管理人员的特质，并因此影响企业为管理人员提供高效领导力的能力水平（或者无能为力）。比如，由于这两股力量的影响，西部百货的主管们很少拥有丰富的过往职场经历或天赋，而斯坦顿则是个例外。面临着提升企业季度经济效益的巨大压力，负责企业招聘的管理者们往往缺乏大局意识和长远眼光，那些不用过多培训就能马上承担基础性工作、服从度高、薪资要求最低的应聘者最受他们的青睐。奢望这些管理者去聚焦领导力水平的高低和长远领导力潜质的有无，貌似是“无源之水，无本之木”。奢望这些管理者花费大量的时间和金钱走进高校为企业找寻有潜质的人才简直就是“天方夜谭，白日做梦”。在克服这一倾向方面，企业所付出的努力微乎其微。因此，企业的招聘流程几乎无法吸引品学兼优的毕业生、知名的国家级运动员或者极富创造性的人才。具备敏锐头脑和高超人际交往能力的新入职员工百中无一。

除了领导力缺失，在提供领导力所需的诸多技能和思维视角方面，西部百货的管理层同样漏洞巨大。管理层成员所拥有的职场经验并不足以使其拥有所需的宝贵特质。比如，西部百货的高级管理者通常是狭隘的，因为其职场升迁之路是狭窄且垂直的。大体上说，这条职场升迁之路是由短期业务压力——平级轮岗需要耗费财力进行培训，也需要花费时间适应新的工作环境和狭隘的权术博弈——管理者们不想让自己的得力干将到其他部门所驱动的。这些浅薄的职场作风极少能促使他们获得提供高效领导力所需的广博知识储备或广泛的人脉网络。再举一个例子，高级管理者所制订的议事日程往往是短期的、战术层面的、无长远视角的，因为在西部百货工作的 10 年或 20 年时间里，他们所承担的工作需要大力聚焦在短期事项和战术细节上，而对于其他方面则是能不关注就尽量不关注。通常，这些工作是由庞大、集权且偏向功能性的企业等级制度所决定的，而这个等级制度之所以存在，同样是由于短期业务压力（就短期效益来说，这样的等级制度是“高效”的）和狭隘的权术博弈（很难将这样的等级制度转变成功能更加多元的小型部门，因为高级管理者通常抵触任何试图改变其部门现状的企图）。

在克服这一病理综合征方面，企业所做出的努力同样微乎其微。企业在人员培训方面的资金投入极度匮乏，而当季度效益未达到既定预测时，最先受到削减的就是培训预算。诚然，员工们能够在工作中学到很多。然而，他们学到了什么、学到了多少几乎是随机波动、毫无章法可循的。缺乏长远领导力潜质的员工获得某个管理职务的可能性与拥有超强学习能力的高潜力员工是不相上下的。企业对员工的职业规划未进行科学系统的管理，以至于像斯坦顿这样的人才被短期危机无情地频繁肆虐，而且并没有任何人为这些人才提供必要的指导或反馈。另外，企业在留住具有领导力才能的人才方面几乎毫无作为。因此，优秀人才往往离开西部百货，另寻出路，就像斯坦顿一样。

换句话说，通过比照图 3-1，我们貌似知晓了西部百货薄弱管理水平背后的原因。管理水平的薄弱涉及一个可识别的综合征，这个综合征被两股强大的传统力量所支配，以至于人事部门所尝试的若干转变计划常常石沉大海，无以为用。

问题的历史渊源

为了全面而清晰地理解这个病理性综合征，我们还需要对其历史渊源进行了解。正如人们怀疑的那样，问题不是一天两天形成的。通过对西部百货发展历程的分析，我们会发现，综合征的形成有其重要根源，这要追溯到西部百货最辉煌的时代，那个几乎主导所涉及市场的“全盛”时代，那个不需要过多领导力就能获得成功的“美好”时代。那时，企业规模更小，组织结构也更简易。为数不多的几位卓越高层管理者就能为整个企业提供充分领导力。找寻、培养和留住这些管理者是相对简单的，因为短期业务压力没有那么巨大。在这样的情况下，企业的3种做法能够多管齐下，共同发力，为重要岗位的人事安排提供充分保障：

第一，抓住高层管理者这个“牛鼻子”。他有足够的精力确保具有领导力潜质的少数人获得聘用机会、接受有效培训、甘愿长期服务。

第二，稳住内部升职流程这个“骨架子”。确保最具领导力潜质的员工升入高层。

第三，关注高层岗位社会招聘（偶尔举行）这个“火炉子”。倘若内部员工无法弥补重要岗位的空缺，那就从社会招聘中择优补之。

西部百货的这3种做法一直平稳运行。然而，伴随着企业规模的日益扩张，组织结构的愈发复杂，竞争强度的不断激增，这些做法的功效（像我们所预言的那样）开始衰退。某一个高层管理者的精力已无法做到事事亲力亲为。有太多的管理职务需要领导力，而每个职务的候选人，其数量更是惊人。短期业务压力意味着基层发动机所需的"润滑剂"已不够用了。不仅如此，某些"润滑剂"在升职通道中处于凝固状态（类似于斯坦顿的经历）。就像企业规模的日益扩张和组织结构的愈发复杂使员工进入高层变得愈发困难一样，狭隘的权术博弈也使得社会招聘所发挥的功效越来越小。

由于种种历史原因，西部百货并未全方位打造提供高效领导力所需的企业文化、管理体系、规章制度、项目计划和具体流程。哪怕这些东西对于处在竞争强度激增的大环境下的一个复杂组织结构来说是至关重要的。取而代之的具体做法仅仅适用于那个"辉煌"时代，那个简易的"美好"时代，那个几乎主导所涉及市场的"全盛"时代，那个"只需要两三个能够提供高效领导力的管理者就足矣"的时代。当这个时代落幕时，这些具体做法的功效便开始丧失。然而，仰赖该企业强大的历史影响力，其业务效益的每况愈下犹如温水煮青蛙，以至于那些能够吸引、培养和保留领导力才能的做法没有及时替换掉过去的做法——"我们不需要改变，我们的企业运转一切正常"——这是当时阻碍转变的人所表达的心声。于是，企业所需要的领导力和管理层所能提供的领导力之间产生了越来越大的裂缝，从而导致市场份额的加剧丧失和其他一些业务问题的出现，这进一步激化了短期业务压力和狭隘的权术博弈。由于这些压力，真正逐步获得升职的员工往往是那样一些人：他们以损害组织利益来获得短期效益，并且善于在行政层面投机钻营。而这些人比他们的前任更难提供高效领导力，所以螺旋式向下的效益趋势已然形成。

到了 1980 年，尽管在西部百货的许多员工都清楚地意识到他们所面临的业务问题与领导力缺失息息相关，但扭转这一局面却是极度困难的。大力培养那些缺乏提供领导力所需基本条件的管理者们——在西部百货，这样的人大有人在——是很难取得效果的。大批引入社会招聘人员也会因为诸多原因——内部阻力、将外部人员放入高层职务并成功建立融洽工作关系的难度等等——而难见成效。虽然有人试图将导致这些问题的具体做法进行转变，却常常因为短期业务压力和狭隘的权术博弈所释放的巨大力量而胎死腹中。更糟糕的是，处于西部百货最高层的某些人并没有支持企业转变的决心和毅力。他们中的某些人不断为自己的不作为寻找顺理成章的借口，“要想延续过往的辉煌，维持往昔固有的状态是关键，我们依旧处在‘只需要几个能够提供高效领导力的管理者就足矣的时代’”。他们中的另一些人认为，让领导力蔓延到企业的各个角落无异于给自己制造潜在竞争对手，这种不安全感让他们踟蹰不前，于是他们选择保护自己的既得利益，而让员工、股东、顾客和供应商吞下不作为的苦果。

这是一个悲哀的案例，而这绝非仅有。

第 5 章

走出“中低层领导力陷阱”：打造高效团队的 6 张规律图

尽管“西部百货”案例中的诸多细节有其特殊性，但为撰写本书所专门进行的背景研究以及其余 6 种来源所搜集的证据显示，西部百货案例中所展现的根本规律，在众多面临中低阶层领导力才能薄弱挑战的企业中同样存在。这些规律被整合成图 5-1 和表 5-1。在我们向第 6 章迈进之前，这些图表值得我们关注。

时间

- 企业拥有相当强势的行业地位
- 市场中的竞争强度几乎不存在
- 因此，企业不需要过多的领导力
- 于是，企业所采取的做法和所营造的文化只能吸引、培养和留住为数不多的几位能力出众的领导者

↓

- 企业规模日益扩张，组织结构愈发复杂
- 市场竞争强度开始显著提升
- 越来越多的职务需要强大的领导力，而企业提供领导力的能力捉襟见肘
- 然而，由于企业的经济效益并非“一泻千里”式地下挫，所以企业对于领导力的诸多问题也是“睁一只眼闭一只眼”

↓

- 最终，经济效益的每况愈下导致对短期经济效益的关注度陡增，以及趋于政治化的内部冲突频发
- 来自短期经济效益和狭隘权术博弈的压力不断上升，并逐步影响企业的相关政策和具体做法（见图 5-2 至图 5-5）
- 由这两股力量所塑造的相关政策和具体做法，造就了无法提供高效领导力的管理者（表 5-1）

↓

- 企业所需要的领导力和管理层所能提供的领导力之间产生了越来越大的裂缝
- 从而导致更加糟糕的经济效益，进一步激化了短期经济效益压力和狭隘的权术博弈
- 这反过来又损害了为提高管理质量所做的努力

图 5-1　通常与不充分领导力相关的一个历史综合征（这并不是唯一的一个）

短期业务压力和狭隘的权术博弈

↓

负责企业招聘的管理者们往往青睐于那些不用过多培训就能马上承担基础性工作、薪资要求最低、服从度高的应聘者。他们不会花费时间和精力去找寻具有长远领导潜力的人才

↓

在员工队伍中，拥有领导力潜质（敏锐的头脑、良好的人际交往能力和正直诚实）的人才少之又少。从他们中所选出的升职人选，其水准可想而知

↓

由这些获得升职的员工所组成的管理团队缺乏提供高效领导力所需要的基本特质

图 5-2　短期业务压力和狭隘的权术博弈是如何塑造企业管理人员水准的

短期业务压力和狭隘的权术博弈

↓

上司们不愿将自己的得力干将放走。浮躁且目光短浅的年轻员工意识到，升入高层最快的方式就是“走直线”。上司们不愿意接受员工的横向轮岗，因为这不仅需要大量培训，而且新员工用起来也不一定得心应手。

↓

职场道路变得非常垂直且狭窄

↓

大部分管理者的眼界都是狭隘浅薄的，他们所认识的人，仅限于他们所待过的部门，他们也只对这一小部分人的业绩记录有所了解。

↓

管理者们无法为高效领导力构建“海纳百川，有容乃大”的章程；为了提供真正意义上的领导力，他们需要企业不同部门人员的通力合作，而在这方面，他们同样步履维艰。

图 5-3　短期业务压力和狭隘的权术博弈如何塑造企业管理人员水准（第二个例子）

短期业务压力和狭隘的权术博弈

↓

企业组织结构偏向功能性和集权性（就短期效益来说，这样的组织结构是非常高效的。同时也是难以转变的，因为转变意味着削弱原有的权力，这是管理者所不愿洞见的）。官僚主义作风甚嚣尘上，因为集权化的功能性结构会随着时间推移变得更加官僚。

↓

对于那些拥有管理和领导力潜质的员工而言，他们职业生涯的 10 年至 20 年时间都在承担战术工作，并且没有机会接触更加广义的策略工作。他们不被要求或允许实践过多的领导力。

↓

与制定策略相比，高层管理者在具体战术行动的执行方面表现更好。他们的议事日程以短期目标为导向，缺乏长远眼光。他们更适合做富有官僚主义色彩的管理者，而不是领导者。

图 5-4　短期业务压力和狭隘的权术博弈如何塑造企业管理人员水准（第三个例子）

短期业务压力和狭隘的权术博弈

↓

面对巨大的压力，表现出色的员工被迅速引入重要岗位。有潜质的员工围绕短期个人得失来规划自己的职业生涯。

↓

有潜质的员工被火速提拔，但在每个岗位上的时间又非常短

↓

许多高层管理者无须反思过往错误并吸取宝贵经验教训。因此，他们并不具备极佳的商业判断力或通过长期努力（而不是通过控制或颐指气使）而建立起来的具有可信度的人际关系。无论是商业判断力还是具有可信度的人际关系，它们对于高效领导力至关重要。除此之外，由于这些高层管理者在过去每个岗位上的任职时间均较短，他们的业绩记录也是易受质疑的，而具有可信度的业绩记录是提供高效领导力的必要条件。

图 5-5　短期业务压力和狭隘的权术博弈如何塑造企业管理人员水准（第四个例子）

表5-1 提供高效领导力的必要条件VS 当下类似于西部百货的诸多企业所展现的特质

		提供高效领导力的必要条件	当下类似于“西部百货”的诸多企业所展现的特质
I	关于所在行业和组织结构的知识储备	拥有涵盖行业、业务职能和企业的广博知识储备	对于企业、业务职能和行业的知识，拥有相对狭隘且专精的认识
II	所在企业和行业所建立的关系	在企业和行业中建立了广泛的人际关系	只与曾经工作过的部门成员有联系或保持较好的工作关系
III	业绩记录和声誉	在相对广泛的活动领域拥有良好的业绩记录和声誉	只在极个别活动领域拥有并不出众的业绩记录
IV	能力技巧	敏锐的头脑和良好的人际交往能力	两者都有，但皆不突出
V	个人价值观	高度正直诚实：对所涉及的有关人员和团体给予足够重视	不突出
VI	上进心/进取心	提供领导力的强大内驱力	提供领导力的内驱力不强，而掌控欲却极大

第6章

企业自查和评估：避免企业管理陷入4个维度

在当下，要找到有关缺乏商业领导力的抱怨之辞绝非难事。然而，真正困难的莫过于评估这些抱怨之辞的准确性、普遍性或者所涉及的因果关系理论。[1]

尽管困难重重，本章仍会拟评估在第4章和第5章中所描述的那个综合征究竟有多普遍。更确切地说，我们试图从以下四个维度判断究竟有多少类似于“西部百货”的企业存在：

第一，企业管理水平薄弱，因为它们从一开始就无法吸引和留住具有领导力潜质的高效人才；而那些确实被吸引和留住的员工，企业又无法发挥其全部的潜能，做到“人尽其才，物尽其用”；未能激励（或不允许）员工释放提供领导力的内驱力。

第二，企业无法吸引、培养、留住和激励具有高效领导力潜质的人才，这源自诸多不恰当的具体做法：校园招聘的方式方法、以提升经验和眼界为初衷的跨部门和跨职能轮岗的罕见性、缺少来自上司的指导和支持等。

第三，大部分不恰当的具体做法都是由两股深埋于企业内部的强大力量（短期经济效益的压力和狭隘的权术博弈）所导致的。通过直接塑造管理行为和间接影响文化、组织结构和体制机制，这两股力量影响着诸多具体做法。

第四，总体上看，这个综合征是一个较新的现象，是商业环境大转变所形成的产物。正是由于商业环境的转变，企业对于领导力的需求与日俱增。与此同时，企业在适应新商业环境上的无力感也逐步凸显。

我们将对以上4点进行逐条分析。下面，我们先从第1点讲起。

评估企业在吸引、培养、留住和激励具有领导力潜质人才方面的表现

作为为撰写本书所专门进行的背景研究的一部分，我们设计了一份调查问卷，其中一个问题就是企业在吸引、培养、留住和激励能够提供高效领导力的人才方面表现如何。这份调查问卷可以在附录中找到。

调查问卷以两种方式进行派发。一是将调查问卷派发给参加由企业或大学赞助的行政人员培训计划的学员们，二是由人事部门负责人将调查问卷派发给他/她所在企业的一些行政管理人员（通常30人左右）。

1984年7月至1985年12月期间，来自100多家企业的大约

900名行政管理人员填写了这份调查问卷[2]（请看表6-1所展示的部分填表企业名单）。除了极个别情况，大部分填表者的职务位于所在企业最高层当中的1%。在大型企业里，填表者甚至位于最高层当中的0.5%或0.25%。之所以选择这一群体接受问卷调查是因为他们的职务最有利于其获取某些关键信息，比如所在企业的领导力水平，以及影响企业领导力水平的各类具体做法，以便准确回答调查问卷中的问题。[3]

表6-1　部分参与过行政管理人员调查问卷填写的企业名单

联合信号公司（Allied/Signal）	英特尔公司（Intel）
美国银行（Bank of America）	马拉松石油公司（Marathon Oil）
巴克莱银行（Barclays）	密理博公司（Millipore）
百时美施贵宝公司（Bristol Myers）	美孚石油（Mobil）
汽巴——嘉基公司（Ciba-Geigy）	不符合项报告公司（NCR）
康宁玻璃（Corning Glass）	纽约人寿（New York Life）
数字设备公司（Digital Equipment Corporation）	欧文斯·伊利诺伊（Owens Illinois）
费尔柴尔德飞机公司（Fairchild Aircraft）	飞利浦（Phillips）
通用电气（General Electric）	桑德斯联营公司（Sanders Associates）
通用汽车（General Motors）	太阳公司（The Sun Companies）
古德里奇公司（Goodrich）	明尼苏达矿务及制造业公司（3M）
通用电话电子公司（GTE）	

在调查问卷中，我们将涉及领导力的诸多方面归纳总结，共分为3部分：第一，在吸引具有领导力潜质的人才方面，该企业表现如何，第二，在培养具有领导力潜质的员工方面，该企业表现如何。第三，在激励和留住这些人才方面，该企业表现如何。关于以上这些问题的回答我们整合为表6-2。

表6-2 吸引、培养、留住和激励具有高效领导力潜质的人才：问卷调查结果

I. 在吸引具有领导力潜质的人才方面，该企业表现如何	
回答“非常好”或“卓越”的人数占比	27%
回答“糟糕”或“尚可”的人数占比	30%
II. 在培养具有领导力潜质的员工方面，该企业表现如何	
回答“非常好”或“卓越”的人数占比	19%
回答“糟糕”或“尚可”的人数占比	42%
III. 在激励和留住这些人才方面，该企业表现如何	
回答“非常好”或“卓越”的人数占比	20%
回答“糟糕”或“尚可”的人数占比	43%

在900多名参与问卷调查的行政管理人员中，27%的人认为，在吸引具有领导力潜质人才方面，他们的企业表现“非常好”或“卓越”；人数占比略高（30%）的人员认为，在这方面，他们的企业表现“糟糕”或“尚可”。19%的人对于企业在培养具有领导力潜质的员工方面的表现持乐观态度（“非常好”或“卓越”）；持悲观态度的人员占比是持乐观态度的两倍还多，42%的人认为，在这方面，他们的企业表现“糟糕”或“尚可”。在激励和留住

这些人才方面，悲观态度与乐观态度 2∶1 的比例大体存在（43% VS 20%）。

对上述结果进行字面分析，我们会有这样一个笼统的初步印象：大部分参与问卷调查填写的行政管理人员认为，在为管理层注入领导力才能方面，他们的企业拥有比“西部百货”更出色的表现。然而，在这一点上，大多数受访者并不这么认为。事实上，只有极小一部分行政管理人员（四分之一或五分之一的人）认为，在吸引、培养、留住和激励能够提供领导力的人才方面，他们企业的表现是优异的。

倘若接受问卷调查的是一群蓝领工人，表 6-2 所展现的结果并不会让任何人感到意外（可能在某些愤世嫉俗的社会人士心里，调查结果应该更加负面）。显而易见，此次问卷调查中，令人深思的莫过于受访者都是高级行政管理人员，而且或多或少来自受到广泛尊重的企业。

为进一步阐释调查问卷中的这些结果，我们先将目光移向别处，观察近期进行的两次大型调查问卷活动。至少在某种程度上看，这两次问卷调查所关注的某些话题与我们是相同的，这有助于我们的阐释分析。一次调查问卷活动是由民意研究公司（Opinion Research Corporation）组织的,数千名管理者被问及的其中一个问题是：你如何评价企业高级管理层的能力。[4] 20 世纪 70 年代早期，当这份调查问卷被首次派发时，大约 69% 的受访者选择了“好”或“非常好”（两个最好的类别）。到了 20 世纪 80 年代早期，选择这两个最好类别的人数降至 47%。另一次调查问卷活动是为《财富》杂志（*Fortune*）准备的。1984 年，该调查问卷要求百名外部专家对 250 家企业的诸多维度进行评估，其中一个就是企业“吸引、培养和留住人才”的能力。[5] 在 250 家企业中，没有一家企业获得“卓越”的评价，获得“优秀”评价的企业低于 7%，93% 的企业所获得的评价更低。[6]

我们必须秉承谨慎的态度来阐释这类调查数据，原因是多种多样的。[7] 从保守意义上看，他/她至少可以得出：根据三次大型问卷调查的数据，“西部百货”所存在的领导力问题，虽然在当下的商业环境中或许并不常见，但也并非那么不同寻常。

我们所得出的这个结论，尽管会让一些人感觉出乎意料，但这与本书第一部分的论述是完全一致的。第一部分当中的描述和分析充分显示，就领导力维度来说，企业要适应近期商业环境所发生的若干转变是困难的。这里所提供的证据也恰恰证明了第一部分所提出的那个假设。

企业举措的恰当性

就本章开篇所提出的第二个问题：有多少类似于“西部百货”的企业，由于众多不恰当的具体做法而使领导力陷入困境。行政管理人员调查问卷能够很好地解答这个问题。调查问卷罗列了 46 项具体做法（比如校园招聘、薪酬水平），这些做法能够影响管理层在吸引、培养、留住和激励高效领导力才能方面的能力。同时也询问受访者，就他/她目前所在的企业而言，这些具体做法是否恰当。通过 4 个等级的划分，受访者对每个具体做法进行评估：非常恰当、恰当、有失恰当或不恰当。关于这些问题的回答我们将其整合为表 6-3。

表 6-3　影响管理层领导力才能的具体做法的恰当性：问卷调查结果

调查问卷询问了有关 46 项具体做法的 46 个相关问题，这些做法能够影响企业在吸引、培养、留住和激励高效领导力方面的能力。我们以摘要的形式对受访者的回答进行展示：
I. 大多数的（80%）具体做法都非常恰当（“非常恰当”指的是在四个等级中回复 1 的受访者，请看调查问卷） 持这一立场的人数 = 0.2%
II. 大多数的（80%）具体做法都恰当（“恰当”指的是在四个等级中回复 1 或 2 的采访者）持这一立场的人数 = 3.3%
III. 恰当的具体做法勉强过半（51%） 持这一立场的人数 = 23.7%

无论谁来阐释上述结果，所得出的结论都不会太积极。在受访者中，几乎没人（3.3%）认为，他/她目前所在企业的大部分（80%）具体做法是恰当的。事实上，大部分受访者认为，在 46 项具体做法中，只有不到 27 项有失恰当（见表 6-4 和表 6-5）。对于某些具体做法，多达 80% 或 90% 的受访者认为，他们公司做得不恰当。

表 6-4 能否吸引、留住和激励具有领导力潜质的人才取决于企业的计划和具体做法是否恰当

影响吸引、留住和激励具有领导力潜质的人才方面的若干要素	有多少受访者认为，其所在企业在这些要素方面做得有失恰当，给企业在吸引、留住和激励具有领导力潜质的人才方面造成困扰
1. 与上司讨论自身职业规划的效果	82%
2. 以个人能力优化为初衷的工作机会	77%
3. 为高潜质人才提供企业空缺职务的相关信息	77%
4. 为高潜质人才提供有利于其发展的专门计划	68%
5. 外部培训机会	65%
6. 关于企业策略/业务和人力资源的规划流程，以便阐明未来 5 至 10 年的企业定位，并根据未来发展需求确定哪些重要岗位需要补充相关人才，数量是多少	65%
7. 内部培训机会	60%
8. 负责人事的管理人员在鉴别和选择高潜质人才方面的能力	59%
9. 为高潜质人才提供的晋升机会	56%
10. 企业的薪酬机制	52%

图 6–5　能否培养和拓展具有领导力潜质的员工取决于企业的计划和具体做法是否恰当

影响培养具有领导力潜质的员工的若干要素	有多少受访者认为，其所在企业在这些要素方面做得有失恰当，给企业在发掘高潜质人才、厘清他们的培养需求及达成这些需求方面造成困扰
1. 以“培养下属”为导向的管理者奖励机制	93%
2. 为高潜质人才提供有关职业长远发展与规划的指导意见	89%
3. 以“培养员工能力”为初衷的跨部门平级轮岗的类型与数量	87%
4. 以厘清高潜质人才培养需求为目标的专门计划	80%
5. 以“培养员工能力”为初衷的部门内部平级轮岗的类型与数量	79%
6.“传帮带”和榜样效应	79%
7. 在高潜质人才培养全流程的管理方面，企业所付出的有效时间和精力	79%
8. 为培养高潜质人才所设置的专门岗位的使用方法	77%
9. 在人才培养流程中，给予下属反馈建议的方式方法	75%
10. 发掘高潜质人才的专门计划	72%
11. 管理者在厘清高潜质人才培养需求方面的能力	70%

（续表）

影响培养具有领导力潜质的员工的若干要素	有多少受访者认为，其所在企业在这些要素方面做得有失恰当，给企业在发掘高潜质人才、厘清他们的培养需求及达成这些需求方面造成困扰
12. 以“培养”为初衷，将责任填充到高潜质人才目前工作中的方式方法	69%
13. 正规的接任者审核计划	66%
14. 企业参与外部管理培训活动的积极程度	65%
15. 在更高级别管理层崭露头角的机会	60%
16. 企业管理者鉴别有潜质人才的能力	57%
17. 企业使用内部管理培训计划的方式方法	57%

比如，在“与上司讨论自身职业规划”方面，89%的受访者认为，企业的做法有失恰当，使得企业在吸引和留住具有领导力潜质的人才方面造成困扰。“在提供以个人能力优化为初衷的工作机会方面”，87%的受访者认为，企业的做法有失恰当，并造成了相同的困扰。在“为高潜质人才提供企业空缺职务的相关信息方面”，77%的受访者认为，企业的做法有失恰当。

在以“‘培养下属’为导向的管理者奖励机制”方面，高达93%的受访者认为，企业的做法有失恰当，给企业在发掘高潜质人才、厘清他们的培养需求及达成这些需求方面造成困扰。同样，在“为高质量人才提供有关职业长远发展和规划的指导意见”方面，89%的受访者认为，企业的做法有失恰当。在“以‘培养员工能力’为初衷的跨部门平级轮岗的类型与数量”方面，87%的受访者认为，企业的做法亟待优化。有三分之二以上的人在“以‘培养员工能力’为初衷的部门内部平级轮岗的类型与数量”“传帮带和榜样效应”“在人才培养流程中，给予下属反馈建议的方式方法”“正规的接任者审核计划”等方面的恰当性上提出质疑（请看表 6-5）。

我们以保守的态度阐释表 6-3 至表 6-5 的数据，再次得出了之前的结论：西部百货所存在的领导力问题，并非个例。事实上，单从字面上阐释这些表格，我们能够看出，诸多企业所采用的大量具体做法都是有失恰当的，都给企业在吸引、留住、培养和激励具有领导力潜质的人才方面造成困扰。

企业不恰当做法背后的原因

就本章开篇所提出的第三个问题——有多少类似于“西部百货”的企业由于短期经济效益的压力和狭隘的权术博弈所释放的强大力量而产生众多不恰当的具体做法——行政管理人员调查问卷未能很好地解答。然而，我们在填表人员中选取了一小部分人（8%）进行采访，希望能为这个问题提供一些思路和方法。在采访中，当被问及他们在调查问卷中所填写的不恰当的具体做法时，人们通常是这么说的：

直到今年，无论是在企业内部还是高校，我们都没有给处于中层或高层的管理人员提供常态化管理培训机会，完全没有。我们有内部营销培训，也会组织负责企业管理信息系统（Management Information System，MIS）的员工参加外部业务培训。然而，对于那些无法在短时间内产生显著效果的培训项目，我们是不予理会的。

近期，我们对过去五年间所进行的跨职能或跨部门平级轮岗（以“培养人才”“帮助人才拓展眼界，以便未来委以重任”为初衷）的人数进行统计。我们找到了符合条件的平级轮岗 25 人次（1 年 5 人次），而这是一家拥有 10000 名员工的大型企业。考虑到当你试图将一名有潜质的年轻员工从他/她的上司身边带走时所听到的抱怨，我对于“1 年 5 人次”的频率颇感惊讶。

员工要成长，意见反馈是必要的。这是学习的基本原则。我们给予员工的中肯反馈是非常少的。我认识一些有潜质的员工，但他们从未获得中肯的意见反馈，这导致其无法正视不足或满足发展需求。他们的上司总是说：“干得好，杰克。埋头苦干，继续保持。”于是，让我们常常感到纳闷的是为什么前途无量的人才未能开花结果。

我们的部分问题在于不恰当的校园招聘方式。首先，招聘时，我们过于关注应聘者技术上（比如，会计、管理信息系统、市场调查研究、产品设计）的水平或潜力，而鲜有关注或直接忽略长远意义上的管理或领导力潜质。因此，在我们所招聘的人员中，能够在入门级岗位表现出色的大有人在，而具有长远潜质的却少之又少。当你与我们的中层管理者谈论此事时，他们基本上会回答道："你饶了我吧！我的职责是制订季度规划或预算。至于其他事情，还是让其他人去操心吧。"

我之前工作过的企业拥有乏善可陈的中层管理团队。当我大学毕业刚加入该企业时，我并没有意识到这一点。然而，没过多久，当我目睹了企业在管理、评估和晋升方面的方式方法，我不仅意识到问题的存在，还明白了这并非偶发事件。一段时间后，我有这样一种感觉：这种管理模式正是 5 至 10 位最高层管理者所梦寐以求的。他们貌似需要遵从度高的下属，这样才不会对其地位造成任何威胁。

采访过程中，几乎没有受访者能够明确指出，不恰当的具体做法是"短期经济效益的压力"和"狭隘的权术博弈"的产物。然而，与此同时，他们的大部分言论都暗含着对这两股力量所带来影响的担忧。我们所做出的保守评估是：就导致不恰当的具体做法而言，"短期经济效益的压力"和"狭隘的权术博弈"确实起到了一定作用。

企业存在问题的历史性根源

要评估西部百货案例中所涉及领导力问题的第四个维度——历史性根源——同样是非常困难的。调查问卷中并没有相关数据，但在后续采访中，某些信息还是值得关注的。

在后续采访中，那些行政管理人员——他们认为领导力是当下的一个重要议题——总是会谈及想法背后的理由。通常情况下，他们都通过当下与过往的历史性比照来表达自己的观点。这里罗列若了干具有典型性的观点：

> 在过去数十年间，我们的商业环境发生了翻天覆地的变化。技术革新更加迅猛，全球竞争变得愈发激烈，产品本身也变得更加复杂。

> 我认为，倘若一个人在当下能取得成功，那么他/她在 10 年或者 15 年前也能取得成功，反之则不一定成立。当下，我们需要更多“胸中有惊雷”的人才。我真希望自己能毫不心虚地表示：我们企业正在招募并足量培养这样的人才。

> 与 20 年前相比，我们当下所需要的高层管理团队是迥然不同的。当下我们需要这样的员工：真正意义上了解所在企业的业务、产品和市场状况；以长远眼光看待事物；帮助企业从过度的官僚风气中解脱出来，建立扁平化管理模式。当下，

我们企业比以往任何时候都需要更多这样的人才。

在过去十年中，由于诸多原因，特别是全新的外企竞争，商业环境的竞争强度逐步激增。我们现在所拥有的高级管理团队——大约 150 人——能更有效率地在 20 年前的商业环境中运转。然而，我认为，在当下，他们中有超过 60 名的团队成员并不是我们所真正需要的。我担心，在这些成员完成优化升级之前，企业状况会变得更加糟糕。一直以来，企业的诸多管理职务变得越来越难做，而我们将具有领导力潜质的人才填充到这些职务的能力又往往是滞后的。

当我们的某些高层职务出现空缺时，“没有内部人员能够填充这些空缺”并非偶发现象。我完全回想不起这样一个本该如此或至少偶尔应该如此，而现实中却从未如此的场景：我们能够从 2 至 3 名完全符合条件的候选人中，从容地敲定最终人选。

翻看企业过往的历史，我们从不通过社会招聘的方式填补重要岗位。令我感到恐慌的是，这种不恰当的做法，我们现在还在沿用。招募过多的外部人士会使我们的老员工士气低落。而就外部人士本身而言，至少有一半的时间，他们的表现是不如预期的。

长久以来，至少在我们所在的行业，我们的企业拥有一支不错的高级管理团队。然而，由于商业环境的转变，曾经使我们引以为傲的高级管理团队正被迅速侵蚀。

在过去几年中，我们进行了两次大规模收购。在未来的四年时间里，我们或许还将进行 1 或 2 次大规模收购。这些被收购企业皆不属于我们长久以来所熟知的业务领域。而在高层管理团队中，没有人对我们所涉及的诸多重要业务领域拥有全面而透彻的了解。随着下一轮收购的完结，这个问题将会更加严重。未来 5 年，80% 的关键岗位仍然由仅了解传统核心业务的员工来担任，尽管到那时他们只能为企业创收 30%。

在充满管制的商业环境中，我们企业的高层管理团队是非常卓越的。不幸的是，当下，我们所在的行业已不再管制重重。

未来十年，我们的企业将很有希望成为高新技术企业。然而，除非我们有所转变，有所作为，不然我们依旧是高层管理水平低下的科技企业。

过去，我们不需要太多领导者。然而，在当下，在竞争愈发激烈的商业环境下，开始需要更多的领导者。我们现在所面临的尴尬窘境是：一小部分具有领导力的优秀“管理”者、诸多不具备领导力的“优秀”“管理”者，以及冗杂的“优秀”行政人员。

既然是这样，结论似乎非常明确了：行政管理人员——认为领导力是当下的一个重要议题——貌似认同，这是一个比较新的问题，而这是由第一章中所描述的那种商业环境的转变所造成的。

启示

要准确评估第 4 章和第 5 章所提问题的普遍性是不可能的。然而，本章的数据信息也清晰地指出，那些问题并非那么不同寻常。事实上，根据这一章的相关证据，他/她能够轻而易举地得出这样的结论：在当下，一个拥有足量高效领导力的管理团队并非随处可见的状况——换句话说，能够成功适应第一章中所提及的商业环境变化的企业少之又少。

虽然这是一个令人不快的结论，但它与第 2 章和第 3 章中的分析结果完全吻合，与过去几年诸多企业糟糕的业绩表现也是完全吻合的。

当我们仔细审核某些管理人员——在当下，他们所在企业以其领导力水平超过平均值而闻名于行业——的调查问卷和采访笔记时，[8] 其内容让我们更有底气得出这样一个结论：即使是在这样的企业中，或许它们的问题不像西部百货那么严重，但是高效领导力的缺失、不恰当的具体做法等等依旧是“如刺在背，如鲠在喉”。默克公司的一名行政管理人员总结得非常好：

在当下这样一个形势愈发多变、竞争愈发激烈的商业环境下，我们不惜一切代价，穷尽一切手段找寻强劲的领导力。我个人认为，我们企业在找寻和培养具有领导力潜质的人才方面比大多数企业做得好。然而，倘若我们想让企业继续辉煌下去，我们需要做得更好。坦白地说，从某种意义上看，在领导力方面，要维系现状越来越困难。这是一件非常艰难但却至关重要的事情。

3

在管理阶层构建领导力才能

第 7 章

拥有卓越领导力：合力打造优于平均水平的管理团队

在当下，是否有任何企业在吸引、培养、留住和激励领导力才能方面拥有无与伦比的表现犹未可知。[1]尽管如此，在这一方面，某些企业确实在一定程度上取得了相对出众的成效。有大量证据——行政管理人员调查问卷、为撰写本书所进行的采访、《财富》杂志的企业声誉调查（Fortune Reputation Study）等等——能够支持这一结论。[2]

倘若我们要优化管理团队在构建领导力才能方面的诸多具体做法、帮助企业摆脱在西部百货案例中所暴露出来的综合征，细致了解某些企业是如何打造优于平均水平的管理团队将是大有裨益的。在第 7 章和第 8 章中，我们将努力达成这一目标。

具有更强大管理能力的企业有哪些与众不同之处：源自问卷调查的证据

随意翻阅有关管理、领导力和人力资源的学术文献，对于

“在管理层构建卓越领导力才能，什么是最重要的”这个问题，你或许会看到几十种假设。有些作者以为，招聘标准是关键；只要将合适的人才引入企业，所有其他工作都会自然而然地正常运转；有些作者关注人才培养，在职业生涯早期，将富有挑战性的工作交给具有领导力潜质的人才，他认为只有这样，人才才能茁壮成长，成为领导者；某些作者注重企业的正规体系、接任者规划、高潜质人才的甄别或者薪资评估；还有一些作者认为，增加非正式的某些做法。比如，前辈和后辈私下进行的传帮带和辅导的数量才是关键。

行政管理人员调查问卷为检验这些假设提供了基础。[3] 问卷调查既涉及了对企业管理层水平的整体看法，也囊括了“哪些具体做法会影响企业管理层水平”这样的具体问题。由于第一个问题的回复范围比较广，所以我们可以看到（如果真实存在的话）哪些具体计划和做法可能与企业管理层水平的差异性有关。

通过这种最基本的分析，我们整合形成了表 7-1 和表 7-2。

表 7–1　具有更强大管理能力的企业与所有其他企业之间的对比[a]

	具有更强大管理能力的企业	所有其他企业
1. 企业在招聘和雇佣具有领导力潜质的人才方面表现如何？	2.8（1=卓越，5=糟糕）	3.4

（续表）

	具有更强大管理能力的企业	所有其他企业
2. 企业在培养具有领导力潜质的员工方面表现如何？	3.0	3.3
3. 企业在留住和激励这些员工方面表现如何？	2.8	3.4

在这个分析中，只有那些调查问卷填写在 20 人或 20 人次以上的企业才被囊括进来。企业得分为该企业所有行政管理人员回复数值的简单平均值。这个和下一个表格是在符合上述前提条件的企业中，就调查问卷中第 57 项（具有更强大管理能力的企业）得分最高的 4 家企业和得分偏低的 14 家企业进行对比。

表 7–2　企业在计划和具体做法方面的对比：来自行政管理人员调查问卷

	具有更强大管理能力的企业拥有出众细节的数量		
	非常恰当	恰当	有失恰当
1. 影响企业在招聘和雇佣具有领导力潜质的人才方面的 15 项计划和具体做法（调查问卷中的第 1 至 15 项）	14	1	0

（续表）

	具有更强大管理能力的企业拥有出众细节的数量		
	非常恰当	恰当	有失恰当
2. 影响企业在培养具有领导力潜质的员工方面的19项计划和具体做法（调查问卷中第18至37项）	15	4	0
3. 影响企业在留住和激励这些员工方面的12项计划和具体做法（调查问卷中第39至51项）	12	0	0

如表7-1所示，在吸引、培养、留住和激励具有领导力潜质的人才方面（也就是领导力流程的4个方面），具有更强大管理能力的企业普遍做得更好。如表7-2所示，正是因为企业采用了不少于几十项非常恰当的具体做法，它们才能在领导力流程的4个方面均取得优异成绩。

更具体地说，详细数据（表7-2中的整合依据）显示，正是因为企业在校园招聘、高潜质人才相关计划、人才培养机会、晋升机会、薪资、工作环境和声誉方面采用了非常恰当的具体做法，它们才能吸引所需要的人才。之后，通过将企业业务目标与目前所处状况进行更恰当地结合、坚持严格的招聘标准和任用更多拥有甄别高潜质人才能力的人事管理者，它们才能在这些人才中招聘到所需要的员工。

根据问卷调查数据，在培养人才方面，具有更强大管理能力的企业通常将稀缺培训资源聚集在最具领导力潜质的员工身上。通过诸多非常恰当的流程（绩效考核流程、接任者规划流程）和计划（专用于甄别具有领导力潜质的员工），他们甄别出具有领导力潜质的员工。他们为年轻员工提供更多机会，使他们在更高级别管理层崭露头角；并将更多擅于“慧眼识珠”的管理者放在更高级别管理层中。采用非常恰当的方式厘清高潜质年轻员工的培养需求，做到培训资源投放“有的放矢”。为了满足这些培训需求，它们配套采用诸多具体做法，包括以“培养”为初衷，将责任填充到高潜质人才目前的工作中、为培养高潜质人才设置的专门岗位、利用内部和外部培训机会、跨职能与跨部门相结合的平级轮岗制度、传帮带和辅导员工、在培养过程中给予员工中肯反馈以及悉心指导他们如何规划自己的职业成长轨迹。

根据问卷调查数据，在留住和激励这些员工方面，具有更强大管理能力的企业通常在薪资、晋升机会、人才培养机会和培训机会方面采用了诸多非常恰当的具体做法。与此同时，它们为这些员工及时提供职位空缺信息，并与其在职业规划讨论中进行更坦诚、更有效的交谈。除此之外，它们还为这些员工提供更好的工作环境。

换句话说，问卷调查数据显示，要想打造一支领导力才能高于平均水准的管理团队，仅仅依靠某个计划或某些具体做法是不行的。专精于好的接任者规划、卓越的校园招聘流程或者优越的经济激励貌似是远远不够的。那些拥有高于平均管理水平的企业貌似在其招聘、培养和留住高潜质人才的诸多方面都做得非常恰当。

这 15 家企业有哪些与众不同之处：来自最佳实践研究的证据

根据行政管理人员调查问卷所得出的结论，在第二类数据来源——对于 15 家企业进行更深入的分析研究——中得到进一步证实。

从《财富》杂志的企业声誉调查数据中，我们选出了这 15 家企业。[4] 在 1985 年派发的这份企业声誉调查问卷中，百名外部专家被要求对 250 家企业的诸多维度进行评估，其中两个是：第一，企业管理层的水平；第二，企业“吸引、培养和留住人才”的能力。就这两个维度而言，我们在表 7-3 中罗列了排名前 20 的企业。其中，有 15 家企业被选入最佳实践研究对象（15 个被选入的企业也在表 7-3 中有所体现），用于本书的撰写。需要特别声明的是，对于所选定的这 15 家企业，我们并没有假定它们从任何绝对意义都上拥有卓越的管理团队，也没有假定它们的管理团队从相对意义上（和其他所有企业相比）拥有卓越的领导力才能。我们只是假定，在拥有优于平均水平的管理团队方面，这 15 家企业是具有代表性的。[5]

表 7-3 1985 年《财富》杂志的企业声誉调查问卷中评分最高的（其中两个维度[a]）20 家企业

企业名称	评分（评分等级 1 至 10）[b]	是否被选入最佳实践研究
1. 国际商业机器公司（IBM）	8.75	是
2. 道琼斯通讯社（Dow Jones）	8.4	是
3. 惠普（Hewlett——Packard）	8.4	是
4. 可口可乐（Coca Cola）	8.35	是
5. 摩根信用担保公司（Morgan Guaranty）	8.3	是
6. 安海斯——布希公司（Anheuser——Busch）	8.3	是
7. 明尼苏达矿业及制造业（3M）	8.2	是
8. 通用电气（General Electric）	8.15	是
9. 波音（Boeing）	8.0	否
10. 花旗集团（Citicorp）	7.9	是
11. 印第安纳标准石油公司（Standard Oil of Indiana）	7.9	否
12. 通用汽车（General Motors）	7.8	是
13. 美国杜邦公司（Du Pont）	7.75	是
14. 默克公司（Merck）	7.7	是
15. 通用磨坊（General Mills）	7.65	是
16. 美国强生（Johnson & Johnson）	7.6	是
17. 科达（Kodak）	7.55	否
18. 雅培（Abbott）	7.55	否

（续表）

企业名称	评分（评分等级 1 至 10）[b]	是否被选入最佳实践研究
19. 达美航空公司（Delta）	7.55	否
20. 第一波士顿（First Boston）	7.5	是

a.“企业管理层的水平”和“企业吸引、培养和留住人才的能力”

b. 10=卓越各企业在两个维度所得分数总和的平均值

在这 15 家企业中，每家企业均有 8 名或以上的高层管理人员接受采访，每个人的通常采访时长为 1 小时。[6] 采访围绕两个核心问题进行：第一，在吸引和留住具有领导力潜质的员工方面，你做了哪些工作。第二，在培养和拓展具有领导力潜质的员工方面，你做了哪些工作。

150 场采访所展现的回复与行政管理人员问卷调查的结果是完全一致的。其实，这些企业的成功并不归功于独家“秘密武器”。与当下的诸多常规做法相比，这些企业只是在这些做法上进行微观改良。这里，为了更好地讨论其具体做法，我们将它们分成 5 大板块：精细化招聘流程、吸引人才的工作环境、具有挑战性的机会、人才早期甄别和人才培养计划。

精细化招聘流程

源自最佳实践研究的采访显示，15 家企业在招聘足量具有领导力潜质的人才方面表现出众。这些企业之所以能做到这些，是因为它们所采用的 6 个具体做法与当下的常规商业做法略有不同。

第一，招聘工作由各级管理层负责推进。在这些企业中，尽管负责人力资源的专业人士会提供协调和行政方面的支持，但在推进过程中他们仅仅扮演辅助角色，真正的主角是各级管理层，包括拥有高职务级别的管理人员。例如，在通用磨坊，有时，甚至连董事长都要拜访重点高校专业研究人员。在第一波士顿，分管人员招聘的总经理在招聘事务上，差不多要耗费一半的工作时间。在默克公司，首席执行官亲力亲为，在招聘能提供技术领导力的人才方面花费大量时间和精力。虽然就高层管理人员的时间花费而言，这无疑是昂贵的，但在这些企业中，大多数管理人员貌似都确信，这些花费是有必要且关键的。其中一位受访者给出了这样的经典论述，具体如下：

近期，我们所拥有的高级管理团队是卓越的。为了托举企业未来，他们不仅知晓需要什么样的人才，还深入了解所需人才的具体数额；他们明晰企业策略究竟应该何去何从，以便使企业独占鳌头。除此之外，他们更善于发掘企业所需要的具有敏锐头脑和良好人际交往能力的年轻人；从某种意义上看，他们以“将心比心”的态度发掘人才、了解人才、尊重人才。在企业营销方面，他们比低级别管理人员或负责人事的员工做得更好。

第二，锁定一批拥有未来领导力优质资源的高校，像重点客户一样真诚以待。例如，为了做好企业招聘工作，惠普锁定了 30 所符合条件的高校，通过与高校教师建立关系网、捐赠电脑设备等方式，与这些高校构建良好关系。倘若管理得当，这些努力将会换来丰厚回报。[7]

第三，大多数企业都严格遵循招聘标准。例如，国际商业机器公司将人员招聘的具体做法进行量化，并为其设定目标；然后，对每一个招聘部门的具体表现进行常态化监管。默克公司将所有高潜质应聘候选人召集到企业总部，与企业若干的高级管理者会面，这些高级管理者对企业的招聘标准有着良好认知。通用磨坊也有着类似做法，并且倘若这些高级管理者中有任何一位对某应聘者投了反对票，企业将考虑不予颁发录取通知书，即便此应聘者已获得了多数认可。摩根信用担保公司将所有新招聘人员带到纽约总部，参加漫长的培训计划；倘若任何负责招聘的企业员工践踏招聘标准或出现渎职情况，都会在培训计划接近尾声时一目了然。在具体做法上，每家企业不尽相同，但主要目标基本是一致的：防止企业招聘标准因短期经济效益压力而出现松懈废弛。

第四，在招聘过程中，这些公司会对应聘者的领导力潜质给予一定的重视。例如，摩根信用担保公司要求所有负责招聘面试的工作人员填写长达一页的“未来员工——面试评估”表。这份表格是对面试工作人员的温馨提醒，提醒他们记住 4 个与银行业务能力关联度不大的要素，其中一个就是“领导力潜质”。近期，一位投资银行家是这么说的：“我们招募的都是受过良好教育、才华出众的人才。你肯定会认为，像我们这样的企业，足量的领导力和管理潜质是十分有保障的，但事实并非如此。我们必须关注应聘者的领导力潜质，否则我们最后招募的将是一大群技艺超群却缺乏常识和基本人际交往能力的奇葩技工。”

第五，在这些企业中，常见的一个具体做法或许可以用“恰到好处的亲密关系”来形容。一名来自通用磨坊的受访者这样说：

“当我们发现某人非常契合企业发展需要时，我们会不遗余力地与其达成聘用协议。例如，倘若我们在企业举办的某个葡萄酒与奶酪非正式聚会上遇见这类人，我们会立即向他/她发送跟进信件，邀请其来明尼阿波里斯市（Minneapolis）。在那里，我们将确保至少有一位应届毕业的大学校友或老乡与他/她共进午餐。行程接近尾声的当天，我们会向其发出录取通知书，而不是诸如‘我们将在几周后回复你’的常规表态。倘若他们没有随即应允，我们可能会安排他们及其家人飞往企业总部，参观一下工作环境并与董事长会面。其间，我们会以恰当且适宜的方式放松跟进信件和拨打联系电话。”

最后，这些企业通常会对招聘流程进行全面评估，每年至少一次。通过全面评估，企业将获得诸多关键数据：被接受的录取通知书数量和在主要竞争对手的光芒下变得黯然失色的录取通知书数量；然后，将这些数据与往年平均数值进行比照。类似于美国杜邦公司这样的企业还会关注间接指数，比如在新进员工当中，有多少人在年度评估报告上被评为高潜质人才。

吸引人的工作环境

几年前，我去探访之前教过的一名学生，他现在在惠普工作。根据企业工作标准，他当时的表现非常出色。年仅34岁，就已经开始负责管理几百名员工和一笔巨额的财政预算。然而，从薪资水平来看，他的收入比许多工商管理硕士同窗的正常收入少25%。当我对这一点提出质疑时，他坦言自己希望赚更多的钱。他还主动谈及，自己不止一次地考虑过离开惠普，去初创企业碰碰运气。然而，他最终还是打消了自己的念头。我问他为什么。

这位年轻人以冗长的方式回答了我的问题，其核心思想无外乎：对于具有潜质的人才而言，惠普是一个良好的工作去处。企业以友好的方式对待员工，充分尊重员工才能。官僚作风和权术博弈已降到最低限度。个人首创精神被认可和奖励。严格意义上来说，对于工程背景的人才而言，这是一个令人兴奋不已的工作场所……

有意思的是，这位年轻人所回复的内容在最佳实践研究的15家企业中并不罕见。在询问这些企业的管理人员“他们是如何吸引和留住优秀人才”的时候，他们几乎总是说“因为我们企业的办公场所很棒”。诚然，关于“为什么他们认为自己的企业拥有绝佳的办公场所”这个问题，或许仁者见仁，智者见智。然而，他们都反映出了一个恒久不变的理念：对于具有领导力潜质的员工而言，在那里工作是激情澎湃、乐趣横生的。

对于“何谓激情澎湃、乐趣横生的工作环境”这个问题，最普遍的回答或许是“没有权术博弈”。这通常意味着：友善的工作环境（当某人把刀拿出来时，发现那是把塑料刀）、结果决定一切（而不是某种隐蔽的利益小团体或形式主义）、互帮互助的氛围。一名来自道琼斯通讯社的受访者说：“虽然我可以在其他知名报社谋到职务，但我不感兴趣。这里的权术博弈是其他报社的10%。我们没有敌对势力。我的意思是，谁愿意忍受那些东西？这不值得。”

受访者还提到了正直诚实是良好工作环境的一个关键要素。例如，在美国强生，员工们通常以践行“强生信条”所规定的崇高职业操守为己任，使得该企业的工作环境非常吸引人。来自其他企业的受访者们还谈及别的关键要素：对于品质的执着（在道琼斯通讯社和安海斯·布希的受访者中经常听到），没有官僚主义或者不拘泥于形式，同事的素质，好的办公地点（比如明尼阿波里斯市的明尼苏达矿业及制造业和亚特兰大的可口可乐）或者工作环境所倡导的美学理念（摩根信用担保公司）以及对待员工的友爱程度。

例如，对于许多企业的低级别管理人员而言，他们诸多抱怨中最频繁的一个莫过于有一种“陷进去而无法自拔”的迷茫感。这里有一段非常典型的评论：

对于其他部门空缺岗位的目前状况或者将来有无空缺岗位，我基本上是不知情的。这种类型的信息并不会在我们这个阶层得到有效传播。因此，我在企业获取好机会的能力完全由我的上司所掌握。不幸的是，上司们并没有强烈的意愿为我找寻这些机会。于是，我陷入了狭窄且垂直的职业道路，这对我的长远发展并没有好处。而且，决定我晋升速率的诸多强大力量，都不是我能控制的。这并不是一个好情况，这促使我在企业之外找寻更好的机会和出路。

这 15 家企业在处理上述问题方面似乎做得更好，通过为高潜质人才（其他员工也是一样）提供岗位空缺信息，而将这一问题所带来的负面影响降到最低。例如，惠普努力保持内部劳务市场的开放型和流动性至少与外部市场持平。大多数员工都会为企业的这些努力表示感谢，这些具体做法能够促进以“人才培养”为初衷的平行轮岗（就这一点，我们稍后还会详述）。

具有挑战性的机会

我们就最佳实践研究中 15 家企业的采访内容进行分析，内容中时常提到“具有挑战性的机会”的重要性。受访者们认为，具有挑战性的入门级职位，有助于企业从一开始就吸引优秀人才，而具有挑战性的晋升机制能帮助企业留住这些人，因为具有领导力潜质的人才喜欢新的挑战而讨厌按部就班的惯例。反过来，这些挑战使员工全力以赴，并允许他们在职业生涯的早期就进行一定量的领导力实践。这无疑是“人才培养”的核心。

受访者们表示，企业创造具有挑战性的机会，方式是多种多样的。在很多企业，非集权化是关键。从定义上看，非集权化就是将职权下放到更低的阶层，并通过这样一个过程，在更低阶层中创造更具挑战性的工作。在过去，美国强生、明尼苏达矿业及制造业、惠普、通用电气等一大批知名企业都将这一具体做法发挥得淋漓尽致。

另外，有些企业设置尽可能多的小型团队，以便从数量上保持具有挑战性管理职务的充足性。过去几年，惠普、通用电气和美国强生从这一具体做法中受益匪浅。

同样的，通过重视新产品的增长效能，许多企业还创造了额外的具有挑战性的机会。明尼苏达矿业及制造业甚至有这样一项政策：至少 25% 的企业收益应该来自近 5 年发布的产品。这大大激励了小规模的冒险与创新，也反过来为具有领导力潜质的年轻员工提供了数以百计用于实践和拓展的宝贵机会。

与此同时，这些企业还极力将官僚作风和体系的僵化感降至最低。于是，员工可以更自主地尝试额外挑战，提高工作体验和功效。就像一位来自可口可乐的管理人员说的一样：

倘若我招聘一位工商管理硕士研究生担任品牌管理主管，他/她可以发挥自己的主观能动性，以几乎任何方式履职尽责，因为我们不是一家封闭且组织结构僵化的企业。员工并不是“身陷囹圄的囚犯”。为了调动员工的主观能动性，我们尽可能将工作变得不可或缺地重要，且具有挑战性。

就像美国杜邦公司一样，越来越多的企业几乎都在采用“专项任务工作组”的方式为工作增添更多的挑战性。

还有一些企业，其中包括非集权化使小型团队的进程处于受限窘境的企业，为具有领导力潜质的员工专门设置岗位，释放他们的挑战欲和潜力。最明显的例子或许是行政助理（或执行助理）岗位。安海斯·布希公司设置了大约30个这样的岗位，国际商业机器公司甚至更多，两家公司都从这个具体做法中受益匪浅。在国际商业机器公司，过去数任董事长和在职的若干位管理人员都在他们职业早期担任过行政助理。

倘若上述所提及的具体做法全部做到，却依旧不能创造出足量的具有挑战性的机会时，很有可能是因为企业的整体业务效益（或部分业务效益）出现了停滞不前的情况，这些企业（比当下的商业惯例更加频繁）或许应该采取伤筋动骨的必要措施来释放晋升机会。有时，这意味着让提前退休对某些人开始有吸引力。通常情况下，这意味着着手处理“阻碍之人”——因目前工作表现不佳而无法获得进一步晋升机会，但离退休还有很长时间的人。

人才早期甄别

为员工配备提供高效领导力的必要条件，这通常需要花费大量时间。正因如此，我们在15家企业中所发现的这个共性现象也应该是读者们意料之内的：在“对具有领导力潜质人才的早期甄别”和“厘清如何培养和拓展这些人才的潜质”方面，这15家企业比其他企业做得更好。

大部分企业所采用的具体做法都非常直截了当且易于操作。为了使高级管理层更好地了解处于组织结构更低阶层员工（特别是年轻员工）的真实情况，他们可谓是煞费苦心。经过一段时间的观察，高级管理层人员即可自主甄别哪些员工具有领导力潜质，并厘清这些员工的培养需求是什么。随后，高级管理层会进行内部会议，就各自所得出的初步结论畅所欲言并予以深入讨论，力图得出更多更加精准的结论。人们所推崇的所谓“科学”技巧则很少被使用。所以可知其核心关键莫过于：观察、讨论和思考。

为了使高级管理层更好地了解年轻员工的真实情况，企业采用了各式各样的具体做法。以下所提及的是最常见的几种，正在使用此种具体做法的企业管理人员生动介绍如下：

> 对于那些被认为具有领导力潜质的人才而言，我们会定期交给他们一些特别策划，并以演讲的形式将最终策划结果展示给高级管理层。我依稀记得自己当时做此类演讲的场景。当时，台下坐着一群重要人物，其中就包括董事长本人，那年我才 30 岁。
>
> 来自美国强生的一名高级管理人员

> 每个月，我都会与其中一名负责重要职能的经理进行一次午餐会。我总是让他/她带一些具有领导力潜质的员工随同参加。在某些员工会议上，我也是如此。这使我认识了诸多年轻员工，并了解了他们各自的潜质、强项和弱点。
>
> 来自可口可乐的一名高级管理人员

组织结构的作用是服务企业，而不是捆住双脚，使我们动弹不得。我们会主动找到某个员工，获取所需要的信息。通过这种方式，我们与中低阶层的员工保持密切联系，而且对于他们各自的秉性和强项有了亲身感知。

来自道琼斯通讯社的一名高级管理人员

我们企业有许多认可奖励项目（Recognition Program）。通过这些项目，优秀人才的“高光时刻”总能引起高级管理层的注意。这种使优秀人才更容易被发现的项目对我们帮助巨大。

来自通用磨坊的一名高级管理人员

我们所采取的其中一项具体措施，是为来自不同企业部门的优秀人才提供展示自我的机会和平台，然后我们仔细观察他们的实际表现。通过这种方式，我们发掘前途无量的年轻人。而且，当你知道他们的名字时，你能更进一步地了解他们。

来自惠普的一名高级管理人员

经常到啤酒制造工厂进行考察已成为我们企业高级管理人员的工作习惯。借此机会，他们可以与年轻员工见面交谈。倘若没有这样的机会，我不知道企业高级管理人员还有什么别的方式能够了解这些年轻员工。

来自安海斯 · 布希公司的一名高级管理人员

通过这些具体做法，高级管理人员对具有领导力潜质员工的情况有所掌握。随后，他们会以非正式或正式的方式定期分享和讨论其所掌握的员工情况。

例如，惠普管理委员会（级别最高的 28 名员工）成员会定期对企业中层员工情况进行开诚布公的讨论。很多其他大型企业也经常试图以非常系统化的方式进行这类讨论。例如，在美国杜邦公司，16 名高级部门主管每月进行一次例会，时长两小时。作为会议议程的其中一项，与会者会围绕其中一名部门主管所推介的 6 名被认为具有充分晋升资格的员工展开讨论。每次会议前，这 6 名员工的照片和个人简历将发送给所有 16 名高级部门的主管。会议中，对所讨论员工有所了解的与会者，尤其是那些对于候选人的潜质抱有疑虑或疑问的与会者可以畅所欲言（比如："5 年前，当哈里刚加入公司时，他的表现处于平均水平。他近期的哪些举动或变化让你如此推介他？"）。即便某些与会者并不认识某位候选人，他/她的发问同样可以很尖锐（比如："她与乔治 · 史密斯比起来，孰优孰劣？""在某次指派任务中，他的表现如何？"）。

人才培养计划

当这些企业对于"哪些员工具有领导力潜质""应该如何培养

这些员工”方面有了更好的理解时，他们随即将花费比类似于西部百货的企业更多的时间去制订人才培养计划。有时，人才培养计划是正规的接任者规划或高潜质人才培养流程的一部分。不过在大多数情况下，人才培养计划是通过非正式的方式向纵深推进的。无论哪种情况，核心要点都是对于“如何将每位候选人的培养需求与切实可行的培养机会有机结合起来”的高质量分析。

这里所提及的“培养机会”具体包括：

- 新的工作安排（晋升和平级轮岗）；
- 正规培训（企业内部、公共研讨会或高校进修）；
- 特别任务或委派任务；
- 来自高层管理人员的指导或辅导；
- 出席自己本职工作之外的会议；
- 特别策划；
- 以“人才培养”为初衷的专门岗位（比如：执行助理岗位）。

通过对这 15 家企业进行分析研究，我们发现，比起当下其他企业所遵循的商业惯例，这些企业更加系统科学地运用人才培养机会。为了培养和拓展一位拥有博士学位的有机化学工程师，可口可乐公司有意识地让其担任执行助理。银行经理（摩根信用担保公司和花旗集团）或职能部门主管（美国强生）被有计划地派往海外办事处获取国际经验，并且有机会自主运行一些小型项目。在美国杜邦公司，技术研发人员会进行不同类型的岗位轮换——从研发、制造、市场营销、综合管理、下属企业的管理人员，再到行政管理。在国际商业机器公司，员工们定期参加某种类型的教育体验活动。

研究中，我们一次又一次地发现，企业将大量的聪明才智花费在培养和拓展员工方面，为他们日后在复杂管理工作中提供领导力打下了坚实基础。

我们还发现，企业所付诸的努力不仅局限在一般意义上的人才培养，还有为支持未来企业发展战略而进行的专门培养。有时，这种专门培养是通过非常正式的方式达成的（比如，企业发展战略规划有时是与接任者规划挂钩的）。不过在大多数情况下，其达成方式都是非正式的。虽然这些努力的功效性并不十分清晰明了，但可以肯定的是，很多管理人员都认为这些做法是非常重要的。

当这些企业采取正规培训时——这些企业貌似进行了大量的正规培训，他们绝不会将其作为过往实战经验的替代品。与类似于西部百货的企业（通常将培训当作速效对策）不同，[8] 他们的培训既能用好其过往经历（也就是，帮助员工从过往经历中吸收经验教训，做到“有则改之无则加勉”），也针对未来的发展任务对员工的知识结构进行针对性优化和补充(让员工对于某些特定事项做进一步了解)。[9]

以正确的眼光看待上述发现

本章中所涉及的诸多发现与彼得斯（Peters）和沃特曼(Waterman)[①]的看法(成功企业之所以成功是因为其在诸多细节和小事上做得比别人好一点点)一致，也与创新领导中心在“如何培养高效领导力”方面的研究结果相吻合[②]。更重要的是，鉴于第1章、第2章和第3章的讨论，本章中的诸多发现与前面章节存在一定的内在逻辑。当下的商业环境要求越来越多的员工提供领导力，助力企业发展。通常来说，要达成这一目标是极度困难的。事实上，要想让员工在关键岗位上提供高效领导力，其必要条件可以形成一张冗长的清单（请回顾图3-1“复杂组织结构中，高层管理职务所需高效领导力的若干必要条件”）。而从逻辑上来说，要发掘足量的具有领导力潜质的人才，并为其配备提供领导力所需诸多必备工具是一项宏大且复杂的任务，是一项应该在诸多方面共同发力，最终形成合力的工程。而这恰恰是本章所着重提及的（这一章所提及的具体做法与图3-1所展示的必要条件之间的联系，我们整合为图7-1）。

---

① 请参考彼得斯和沃特曼（1982）。

② 请参考麦考尔、隆巴尔多和莫里森（即将出版）。

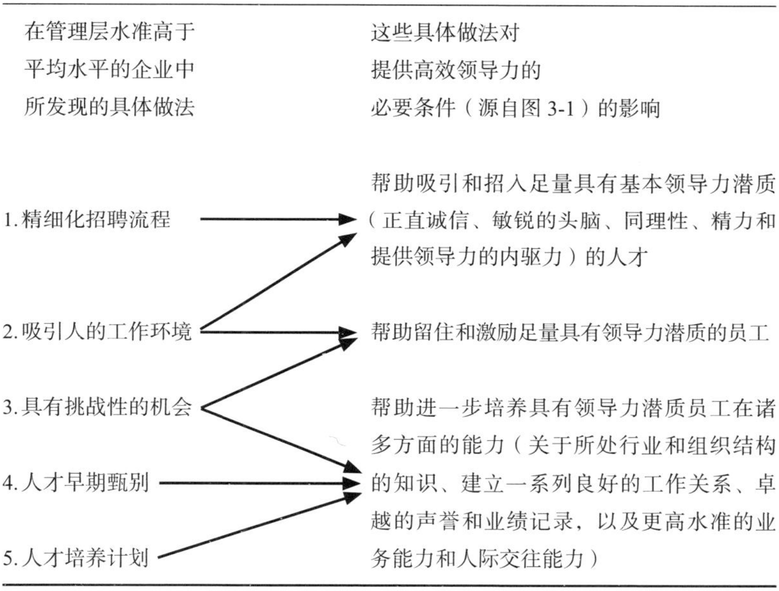

图 7-1　如何通过具体做法打造具有领导力才能的管理层

对于这一分析研究的重要性，我们必须以正确的眼光看待。我们貌似只有穷尽所有这些具体做法才能打造出优于平均水平的管理团队。换句话说，对于最佳实践研究所选定的这 15 家企业，至少从领导力维度来看，我们并没有证据显示它们从任何绝对意义上拥有卓越的管理团队。在日益白热化的行业竞争中，这些企业的管理层所提供的领导力只是比当下遵循惯例的其他企业要稍好。至于打造真正意义上的卓越管理团队究竟需要具备哪些条件，我们还处在构思遐想阶段。

第 8 章

优化管理层：未来企业发展的 3 个关键要素

要理解为什么某些企业比其他企业拥有更好的管理团队，我们首先要厘清在吸引、培养、留住和激励卓越领导力才能方面，这些企业有哪些与众不同的具体做法。这一步显然是必要的，但又远远不够。我们还需要知晓为什么第 7 章中所提及的那些企业能够达成自己的既定目标。更具体地说，为什么这些企业没有被短期经济效益压力和狭隘的权术博弈（在当下的某些企业中，这两股力量毫无疑问地占了上风）所完全奴役？第 7 章中所提及的这些企业又是如何规避第五章中所描述的那个综合征的呢？

为这些最重要的问题提供一些答案是本章的目标。[1]

各级管理层所扮演的角色

从某个层面上，第 7 章中的某些描述已经为上述疑问提供了答案。答案是这样的：当我们发现第 7 章中所描述的那些具体做法时，我们常常也会注意到各级管理层，他们被委以一定的职责和义务，目的是将这些具体做法落到实处。各级管理层既不应该将这些本属于自己的职责和义务完全转嫁给人事管理人员（表面上许多企业都存在此类责任转嫁的现象），也不应该在履行职责和义务时“拈轻怕重”“阳奉阴违”。

这样一个简单的事实似乎非常重要。在当下，由于竞争强度激增、组织结构日益复杂化，短期经济效益压力和狭隘的权术博弈或许潜藏在任何地方。倘若不加以节制而任由其肆虐，它们将会成为两股非常强大的力量。从逻辑上看，严控这两股力量蔓延可能需要非常强劲的抗衡力量。仅仅依靠一个以“领导力培养”为初衷的人事计划或者少数人的良好意愿是无法形成这股抗衡力量的，而各级管理层上下同心所形成的集体意愿却可以。

在某些具体做法中，这种责任感是显而易见的。与其他同行相比，在那些具有卓越管理团队的企业中，许多管理人员在会议上倾向于花更多时间来讨论与此话题相关的事宜。然而，在另一些具体做法中，这种责任感是不易察觉的。在这些企业中，管理人员将这种责任感渗入管理的常规流程，因此他们貌似在发掘员工潜质、找寻员工培养方法以及鼓励下属以智慧方式做好个人职业规划方面花费了更多时间。即使是在短短几分钟的非正式走廊谈话和会前交谈中，他们依旧更关注与吸收、培养和留住领导力才能相关的事宜。我们发现，在那些涉及市场、产品或技术的正式谈话中，对于吸引、培养、留住和激励具有领导力潜质人才方面的关心总会在不经意间流露。

例如，下面是我们所节选的一段真实对话，这段对话近期发生在一家拥有优于平均管理水平的团队的企业里。[2] 对话双方分别是该企业的部门总经理和其中一名销售主管。然而，对话内容不是这个月的订单数量与销售计划的比照分析，而是关于一位才华横溢的年轻员工：

部门总经理：最近，卡伦（Karen）表现如何？（卡伦被看作是具有领导力潜质的年轻区域销售经理）

销售主管：她表现很好，不过我担心我们不久将会失去她。

部门总经理：为什么？

销售主管：我们的对手知晓了她的工作能力和职务情况。我敢肯定，一些企业已经开始打她主意了。

部门总经理：那么，我们如何才能留住她？

销售主管：当然，我们正竭尽所能留住她。不过，您也知道，实际情况的限制使我们心有余而力不足。再干 1 年左右，卡伦希望自己能获得地区销售经理的晋升职务，但我短期内无法向其提供此类职务。

部门总经理：1 年以后，她是否有足够能力担任地区销售经理呢？

销售主管：我认为她完全够资格。

部门总经理：那我们为什么不能为她提供一个这样的职务呢？

销售主管：目前，这类职务没有空缺。并且，在短时间内，那些在职者不大可能获得进一步晋升。

部门总经理：我想，你和我一样，对这其中的原委是知晓的。你的前任倾向于将业绩最好的销售人员拔擢为区域销售经理，尽管他们缺乏管理或领导力潜质。随后，这些人当中的一部分又晋升为地区销售经理。然而，他们中没有一个人的表现是卓越的。倘若我们对其放任不管、听之任之，他们将永远停留在目前的岗位上。

销售主管：您说得有道理，但我们该怎么办呢？诚然，他们的表现并不卓越，但也没有出现大的纰漏。我认为解雇他们其中的任何一位都是不公平、不合理的。

部门总经理：我的想法是这样的。我们应该与乔治坐下来好好聊聊，在这些在职者中，他或许是最不适宜担任此类职务的人。就其表现而言，无论是我们还是他自己都应该有实事求是的态度，并共同探讨可行性解决方案：以平级轮岗的方式将其调离所在团队；倘若不调离所在团队，甚至可以考虑就地降职。为了不使这一决定对其家庭生活造成重创，我们可以保持其薪资水平不变。不过，为了卡伦以及其他像卡伦一样具有领导力潜质的员工，我们必须果断行动。

在某些企业中，这种对话——顺便提一句，这仅仅需要 20 秒钟左右——很少被听到。而在那些能够听见此类对话的企业中，我们发现，这是由于各级管理层上下同心（从首席执行官一直到部门主管）所形成的良好集体意愿才使其照进现实。

企业文化所扮演的角色

进一步分析，读者不禁会问：如何才能在各级管理层中营造这种集体责任感呢？为什么这些企业的管理人员不像其他企业一样，忽略领导力的相关事项或直接将其交给下属，让他们做“替罪羊”“背锅侠”呢？

在最佳实践研究的采访过程中，有两个问题是我们反复问及的：为什么这些企业的管理人员会将集体责任感当作行为准则？为什么这些企业貌似没有受到第 5 章所描述的综合征（西部百货就是一个具体例证）的袭扰？“虽然你说道，企业能够通过平级轮岗拓展员工才能，但为什么你们的企业没有遇到‘囤积居奇’的管理者呢？为什么你们企业的管理者对于平级轮岗都能全力支持呢？对于许多企业而言，智慧的平级轮岗是很难实现的。为什么你们企业的管理人员如此的与众不同？”

当被问及这些问题时，受访者通常会呆呆地凝视一会儿前方，然后回答道“我们企业一直都是这样的”或者“这是我们一贯的办事风格”。换句话说，他们表示，企业核心文化就是如此。

最佳实践研究当中的这 15 家企业，几乎所有企业都拥有深厚的企业文化——“团结一心，一致对外”是企业的本质，并以务实的态度成就企业经久不衰的辉煌。这些企业文化以规章制度的形式进行具象描述，有利于第 7 章中所描述具体做法的落实到位，并促使人们削弱短期经济效益和狭隘的权术博弈所带来的负面影响。

“为什么你们的企业没有遇到类似于‘西部百货’一样的问题？”针对这个问题，我们选取了4个实际回复：

首先，我们认为，拓展员工才能是我们应尽的职责。在这方面，我们做到知行合一。而那些对此抱有异议的员工——比如正直诚实度低的员工——早已离开公司，因为他们在这里寸步难行。

为了拓展员工才能，我们甘冒风险。我们乐意为员工们指点迷津、答疑解惑，即使是在他们的职业早期。企业文化支撑着我们的冒险精神。倘若某些尝试不尽如人意，我们不会过度责难或刁难敢于尝试的员工。

与此同时，我们的工作环境也非常开放舒适，有一种大家庭的感觉。正因如此，要以“人才培养”为初衷进行跨部门或跨区域平级轮岗是相对简单的。在这样一种开放舒适的工作环境下，年轻员工愿意与所在团队之外的高层人士谈论未来可能的工作机会。

我们清楚地意识到，过往的辉煌业绩离不开企业文化的支持，因此，对于企业文化，我们一直细心呵护、优化提升。例如，1986年4月，我们企业的130名管理人员都收到了一大包录像带和案例素材，之所以发放这些东西是为了帮助管理人员开好“企业文化修订补充会议”。这些材料，涵盖了企业传统文化在12个方面的内容，我们要求管理人员与员工们进行探讨：在企业发展的当下，材料中的每一项是否依旧关联重大，维护方式是否切实可行。在这些材料中，有一段影像视频，是企业 3 位级别最高的管理人员对这些问题的看法。

来自明尼苏达矿业及制造业的一名高级管理人员

在企业人才建设方面，管理人员从来不会有退而求其次的想法。“追求卓越”的理念深深烙印在企业中。高级管理人员会反复过问企业人才状况。倘若某个团队未能招聘优秀人才，他们立刻就会发现。

除此之外，工作一段时间后，你会发现，要在这里取得成功，你必须学会招聘和培养具有潜质的优秀人才。在这里，管理人员自身能力很强却表现不佳的例子不胜枚举。部分原因是他们无法打磨出能力突出的下属。如果他们愿意走出去，去招聘优秀人才并加以砥砺培养，也许会成为此处的成功之道。

来自花旗集团的一名高级管理人员

你想知道“为什么我们要以严要求、高标准执行招聘规章制度”“为什么我们鼓励员工参加研讨会提高自己”等问题的答案吗？那是因为，企业文化鼓励我们这样做。我们的企业文化注重所有东西的质量，包括员工素质和管理层水准。

来自安海斯 · 布希公司的一名高级管理人员

我们的企业文化注重团队意识，因此弄权术、耍心机（比如将自己所拥有的优秀年轻员工“囤积居奇”）是不被允许的。倘若某位团队成员存在此种行为，他/她必将原形毕露，如“过街老鼠，人人喊打”。这样的企业文化也使以“人才培养”为初衷的平级轮岗变得相对简单。我们历来重视员工的全面发展，并围绕此培养目标，采取具体措施，多管齐下。

来自摩根信用担保公司的一名高级管理人员

为什么要做这些事情？我想，我们历来对能招聘和培养优秀人才的管理人员颇为青睐。因此，我们将这一理念和偏好渗透到各级管理层，就是这样。

来自惠普的一名高级管理人员

深厚的企业文化是一股非常强大的力量。[3] 在当下的商业环境中，短期经济效益的压力和狭隘的权术博弈稍有不慎就会占据主导地位，影响员工的行为举止。为了使各级管理层专注于企业的重要目标，拥有这样一股力量是有必要的。这也是我们在拥有卓越管理层的企业中所找到的共性。

管理体系、规章制度和方针政策的角色

尽管要促使各级管理层践行第 7 章中所描述的那些具体做法，

企业文化表面上是一股重要力量，然而正规管理体系、方针政策和规章制度在塑造员工行为举止方面，特别是在大规模企业中，同样起到了一定的促进作用。

例如，那些因卓越管理层而名满四海的企业几乎没有既高度集权，又极具官僚主义的。在当下，即使是那些不幸倾向于其中一方面或者两方面（高度集权或极具官僚主义）的企业也在竭尽所能，试图摆脱不必要的官僚主义并进一步分散集权。这样做的理由或许与一个简单而纯粹的事实息息相关：集权化的管理体系和一系列充满官僚主义的规章制度是无法支持第 7 章中所描述的诸多具体做法的。比如，集权化的管理体系和一系列充满官僚主义的规章制度使得为处于职场早期的年轻员工提供具有挑战性的潜在机会和领导力的可能性变得困难重重。恰恰相反，相对非集权化的管理体系和节制适中的非官僚主义的规章制度使得大批量创造上述机会（具有挑战性的潜在机会和领导力可能性）变得简单易行。

当然，这倒不是说拥有卓越管理层的企业完全与官僚主义绝缘。所有大规模企业或许都有一定程度的官僚主义。为了促使第 7 章中若干具体做法的生根发芽，某些企业还专门对官僚主义善加利用。候选人竞争上岗流程就是一个好例子，我们在后面还会详述。另一个更广为人知的例子莫过于正规接任者规划制度。

在最佳实践研究所囊括的 15 家企业中，规模最大的企业也制定了若干正规的方针政策，支持以“人才培养”为初衷的具体做法。图 8-1 中展示了一个典型例子，罗列了通用电气于 20 世纪 70 年代中期某个时段针对管理才能培养所指定的 10 项方针政策。

1. 确保企业卓越管理水平的发展是董事长最重要的职责。
2. 各级管理人员必须有同样的责任感和使命感，并全盘掌控与人才培养相关的规章制度。
3. 大部分企业的晋升职务应该从内部人员中产生，必须牢牢把握“激励人才潜质”这个核心价值观，绝无例外。
4. 就管理人员培养而言，关键一步在于人力资源审核流程。
5. 管理能力主要从实践中获得，其他培训活动可以视为具有价值的附属物酌情采用。
6. 以“人才培养”的发展眼光用好空缺岗位，严格掌控竞争上岗流程是关键。
7. 企业对于管理风格、管理人员特质、能力等需要抱以开放和包容的态度，因为这种多元性是我们所需要的。
8. 为了适应企业的发展规模、多元差异和非集权化，我们需要若干性质不同的管理流程和人才培养规章制度。
9. 有时，为了达成人才培养目标，适时转变看上去合理的薪酬具体做法和（或）组织结构体系或许是必要的。
10. 全体员工必须在上述流程中锻造自己的能力。与别的能力相比，管理能力是最重要的。

图 8-1　通用电气的管理层培养理念：大约形成于 1975 年

这些方针政策如何助力管理层领导力才能的培养，答案是显而易见的。比如，最开始的两点明确指出了谁对构建新一代管理层（首席执行官和各级管理层）负有责任。倘若有人认为这两点所表达的意思依旧含糊不清，那么第 10 项则做了进一步说明（“全体员工必须在上述流程中锻造自己的能力。与别的能力相比，管理能力是最重要的”）。值得注意是，在 10 项方针政策中，通用电气使用了其中 3 项的篇幅，尽力将这一极其重要的理念表达清楚。

第 3 项指出，从外部劳务市场大批量引入管理人才是不可取的，必须加强企业内部的人才培养能力。就像此政策警示我们的一样，倘若企业无法提升内部人才培养能力，那企业在吸引、留住和激励具有领导力潜质的人才方面将会愈加困难。因为频繁地将具有挑战性的机会给予外部人员将在极大程度上打击内部员工的士气和积极性。[4]

第 4 项谈及“人力资源审核流程”的重要性。在审核流程中，企业要求管理人员定期放下手头工作，认真审视员工状况，特别是那些有潜质担任重要管理职务的员工。这一制度要求管理人员仔细思考如下问题：“目前企业拥有哪些有潜质员工”“这些员工的潜质有多大”“目前，有潜质员工的数量足够吗”“倘若不够，为什么不够”“每一位有潜质员工的培养需求是什么”“在过去 6 至 12 个月里，我们针对这些培养需求做了哪些具体工作”“这些具体工作的成效如何”“在未来 6 个月、1 年或者两年内，我们如何做得更好，以便达成这些培养需求”。

考虑到企业培训的所需花费，通用电气的第 5 项方针政策特别有意思。该企业在纽约奥西宁（Ossining）拥有一个常驻管理层培养中心，在管理人员培训方面花费大量时间和精力。与此同时，第 5 项中明确指出，正规培训仅仅是一种具有价值的附属物，才能学习和提升的主要机制当然还是工作实践。[5]

倘若将第 6 项方针政策（以“人才培养”的发展眼光用好空缺岗位，严格掌控竞争上岗流程是关键）剥离开来看，读者们或许无法理解其中的奥妙。现将该政策背后的意义总结如下：由于短期业务压力和狭隘的权术博弈，倘若企业对于管理人员选择什么样的员工填充空缺岗位没有一定程度的掌控的话，“以‘人才培养’的发展眼光用好空缺岗位”便无从谈起。

在通用电气，“掌控”按以下方式进行。倘若你担任部门主管或更高职务，当岗位空缺出现时，根据政策规定，你首先要与相关人事管理人员取得联系。人事管理人员将与你共同制定岗位职责说明，并提出两个问题：第一，在你了解的人当中，谁能将此项工作做好？第二，在你了解的人当中，通过此项工作的实践，谁能获得极好的才能培养？你提供完个人意见后，人事管理人员将会向你的上司、你上司的上司、负责其他业务的人事管理人员，甚至可能还有你的同事提出类似的问题。随后，根据汇总意见，人事管理人员制定可供选择的候选人名单。倘若名单篇幅很长，人事管理人员将会让合适的人（比如你的上司）缩短名单篇幅。最终名单将会返回给你，然后根据名单，你有权对所有候选人进行面试，并择优录取。通常情况下，名单上会囊括一至两名以“人才培养”为初衷的候选人。他们的表现无意间引起了你的注意，倘若你对他们做出了职务承诺，而他们中的一名却并未出现在名单上，那真是太糟糕了。他可能会因此而选择离开。[6]

第 7 项和第 8 项是相辅相成的。第 7 项说道，企业对于管理风格，管理人员特质、能力等需要抱以开放和包容的态度，因为这种多元性是我们所需要的。而第 8 项说道，为了适应企业的发展规模、多元差异和非集权化，我们需要若干性质不同的管理流程和人才培养制度。这些政策存在的意义或许是为了抵消一种本能倾向：将与人才培养相关的各项流程变得过于集权化和同质化（这就是所谓的千篇一律综合征）。对于一家涉足诸多市场、拥有众多产品和采用多元科学技术的大规模企业来说，过度同质化对于企业长远发展来说是致命的。

最后，第 9 项说道，有时，为了达成人才培养目标，适时转变看上去合理的薪酬具体做法或组织结构体系或许是有必要的。也就是说，有时，为了使以“人才培养”为初衷的平级轮岗发挥应有功效，企业或许需要支付高于该职务常规薪资水准的薪酬，促使某人接受某一职务（因为，他/她将要担任的那个职务的薪资水准低于目前职务）。有时，在某种程度上，企业或许需要向组织结构填充一些职务，而这些职务对于达成当下的业绩目标并无实质帮助，仅仅是为了人才培养。无论是哪种情况，这项政策都明确支持了企业在培养高效管理人员方面所做出的必要努力。

首席执行官的角色

各级管理层的水准是决定企业兴衰成败的关键。在拥有卓越管理层的企业中，深厚的企业文化和规范化的管理体系，表面上激励着各级管理层为所应为。然而，还有一个要素也非常重要，它直接塑造着各级管理层的行为举止并通过企业文化和规范化管理体系施以间接影响。这个要素就是首席执行官。[7]

10年前，国际商业机器公司和通用电气针对“他们的首席执行官究竟是如何分配最稀缺资源——时间的”展开独立调查研究。一张多达50项的可能涉及的职责清单被绘制出来，其中一项职责与本书的主题息息相关。通过事先约定的方式，对首席执行官每日所做之事进行跟踪记录，调查持续数月。

近期，在一次高级管理人员集会上，我询问在场嘉宾，从现实意义而非理想情况或理论上看，在所有50项中，他们认为与“吸引、培养、留住和激励能够提供领导力的管理层”相关的那一项，其重要度究竟能排到第几。也许是为了活跃气氛，其中一位管理人员玩世不恭地说道：“第51名。”随后，他又一本正经地说：“也许能排到第5名吧！”听罢，周围的在场嘉宾都哈哈大笑起来。这样一个极其典型的反应使得通用电气和国际商业机器公司的调查结果更加值得注意，因为调查结果显示，与领导力相关的那一项，其重要性位列第一。

一位来自国际商业机器公司的高级管理人员说：“在所有能掌控的、对未来企业繁荣发展有影响的要素中，我们当中的许多人认为，有两个要素是尤为重要的：科学技术和领导力。而在这两项当中，孰轻孰重更是显而易见。回顾企业发展历程时，我们很难找到科学技术孕育出具有领导力的管理人才的例子，却极易发现好的领导力激发出先进科学技术的例子。因此，对我们来说，领导力是重中之重，尤其是首席执行官的领导力。”

有许多关于沃森（Watson）、凯里（Carey）和奥佩尔（Opel）的故事，他们缔造了国际商业机器公司在 20 世纪 50、60 和 70 年代的巨大成功，这足以证明“领导力优先”的重要性。我们不敢保证这些故事是否真实可信，但可以肯定的是，这些故事被越来越多的人相信且反复提及，或许故事的普及性比它们是否发生过更重要。[8] 例如，有一个故事是这么说的，在一次与部门总裁的会谈中，一名国际商业机器公司的前首席执行官提前 10 分钟打断了会议进程，他说道：“弗雷德（Fred），让我们换一个话题。现在是 8 月份，今年新招录的应届毕业生，你应该有所了解。你能否告诉我，在你看来，今年你部门所招录的新员工中，哪 10 位员工的表现最佳，为什么他们的表现是最佳的，以及他们现在所担任的职务分别是什么？”

还有一个这样的故事，据说，首席执行官看着一名部门总裁的眼睛说道：“查利（Charlie），我发现你的部门今年从其他部门调入了 6 名具有高潜质的年轻人，而你的部门却没有一位高潜质的员工调往别的部门。倘若继续这样下去，我们如何培养出具有领导力的管理人才呢？听着，如果你能将这件事做好，我会非常感谢你的：我给你 3 个星期的时间，给我一份关于你部门 10 名表现最佳员工的跨职能和跨部门人才培养的详细计划。我们共同讨论并确认最终方案。一年以后的今天，我们重新讨论这个问题，看看你的表现如何。”

在通用电气，前首席执行官雷吉·琼斯（Reg Jones）在处理接任者问题时，将领导力放在重中之重的位置。距离他退休还有几年的时候，这一流程已经启动了。在董事会和人力资源主管的密切配合下，他敲定了约莫10名具有潜质的接任者，并确保他们接受良好的人才培养和业务能力的评估考验。他还要确保，董事会有机会观察这些候选人在实际工作中的表现。随着退休日期慢慢临近，他与所有接任候选人、其他高级管理人员和董事会进行了漫长的沟通和交流，听取他们心中认为的最佳候选人和候选理由。这些讨论关注企业未来所处的商业环境、接任候选人的优势和弱点，以及接任候选人与管理团队能否产生良好的化学反应。距离退休日期还有18个月的时候，琼斯将候选人数减至3人，并开始积极规划自己退休后的相关事务（比如，董事会的成员身份、社区事务和慈善事宜）。最终，他和董事会一致决定，年轻（当时只有44岁）的杰克·韦尔奇（Jack Welch）成为新一任首席执行官。尽管韦尔奇的个人背景、教育经历和管理风格与琼斯迥然不同，但韦尔奇完全符合董事会当时所要打造的企业形象，并助推通用电气在20世纪80年代末和90年代取得了巨大成功。人选敲定后，琼斯逐渐将肩上的重担交给韦尔奇，并以极度优雅的姿态离开了通用电气（和董事会）。

戴维·帕卡德（David Packard）是如何让各级管理层重视有助于管理层领导力才能建设的具体做法，这方面的生动故事有很多。例如，他甚至不允许惠普设置人事部门，直到该企业拥有了1200

名员工的时候。“我之所以这么做，”他亲自解释道，“因为，在我看来，应对人事问题应该是每个员工的职责，我不希望他们将本属于自己的职责转嫁给所谓的‘人事部门’。”[9]

据说，惠普的现任首席执行官约翰·扬（John Young）以自己的方式坚持着这一企业传统。要使第7章中所描述的具体做法生根发芽，惠普的企业文化是核心力量，所以扬才会像外界所知晓的那样，不遗余力地巩固企业文化中的核心要素。据说，为了巩固企业文化，他尝试了数十种不同的方法。例如，为了大力支持企业文化中“开放和相对公平”的理念，他在一间相对狭小（与首席执行官的标准办公室大小相比）并且没有落地墙的开放办公室里工作！

在美国强生，从董事长詹姆斯·伯克（James Burke）应对晋升讨论的细节中，我们不难看出其对于领导力重要性的关注和凸显。每当某位员工被推荐为某管理职务的候选人时，伯克总是会问这样一个问题：在这些未来具有领导力潜质的员工中，哪些是由这名候选人所吸引或培养的。倘若这样一个问题被反复提及，你应该能想象出，它对于一家企业的未来发展会起到怎样的影响。

总体规律、历史根源和言下之意

到目前为止，这一讨论所涉及的主题应该是清晰的。那就是，能够使某些企业拥有表现出众的管理层的关键要素。总结如下：

第一，这些企业拥有数量更多、质量更优的计划和具体做法，以便找寻、培养、留住和激励最有领导力潜质的人才。

第二，尽管有短期商业压力和狭隘权术博弈的影响，通过各级管理层的努力，这些企业尽力维持、优化那些计划和具体做法。管理层对于计划和具体做法的高效性负有一定责任。

第三，各级管理层之所以会共同努力维持、优化那些计划和具体做法，是因为他们相信这些具体做法对于企业未来的繁荣发展至关重要，因为首席执行官通过不同方式巩固了这一认知，因为企业文化和规章制度都明确支持这一认知的生根发芽，并处罚一切阻碍其发展的行为举止和思想认知。

就目前所掌握的信息来看，“为什么这一总体规律（见图 8-2）更频繁地出现在某些企业，而不是其他企业”，我们对这一问题还无法给出任何准确清晰的结论。不过，我们可以从这些企业的过往历史中找寻线索；认清楚这些线索是非常重要的，因为其背后的含义有助于我们进一步探讨该如何优化管理层水平（第 9 章的主题）。

通过研究第 7 章和第 8 章中所谈及的那些企业的历史过往，我们发现它们符合以下两个特性中的其中一个或皆符合：第一，一位强有力的早期首席执行官（有时是企业的创始人）认为领导力是至关重要的，并亲力亲为，帮助企业构建图 8-1 所展示的那种总体规律。第二，初创时期，企业所处的行业环境竞争激烈且复杂，并从某种意义上需要大量能胜任的领导力（或者，换句话说，该行业环境不能容忍第 5 章中所提及的综合征）。也就是说，就历史过往的某些重要方面而言，那些拥有卓越管理层的企业与类似于“西部百货”的企业是存在巨大差异的。

倘若我们所得出的历史过往特征是准确无误的，我们还需要记住另外两个要点，它们同样重要。第一，过去的这种原动力总是在逐渐衰减的，特别是当人们忘记了这样一个总体规律起初是如何让他们获得成功的（这种情况是否发生在近期的国际商业机器公司）。第二，图 8-2 所展现的动态变化可能在规模尚小、成立时间不长的企业比在处于发展中期的企业更容易实现。这两点对于我们接下来所谈及的优化转变是具有启示意义的，而这些启示也获得了近期试图优化其管理层水平的企业的有力佐证。

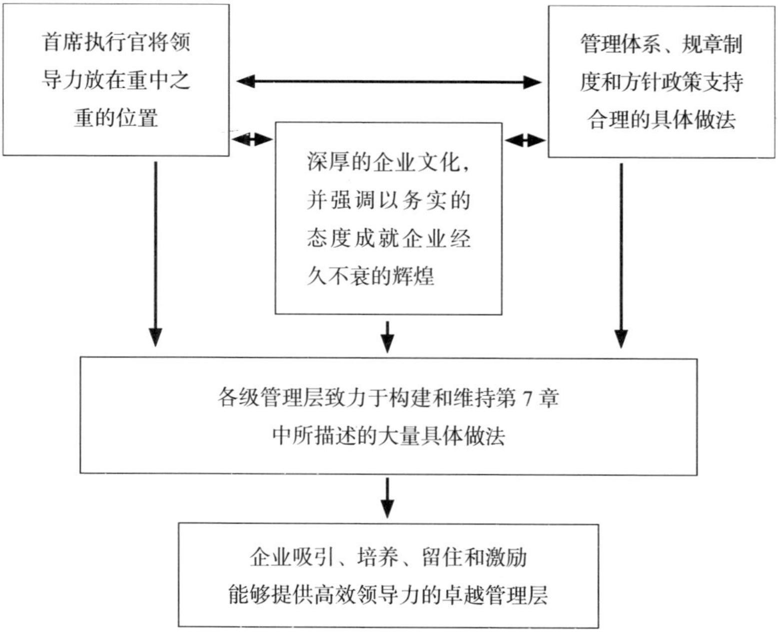

图 8-2　如何减轻短期经济效益压力和狭隘的权术博弈所带来的负面影响

第 9 章

领导力的质与量：高绩效企业 5 个显著的竞争优势

当问及过去 5 年间，这些参与行政管理人员调查问卷的企业是否在吸引、培养和留住管理岗位中具有领导力才能的员工方面竭尽全力、革故鼎新时，大部分（900 名受访者中的 73%）受访者都会给予肯定答复。当问及这些努力是否产生任何功效，其中具有代表性的受访者称，调查问卷所罗列的 46 项具体做法中，有 39 项获得了一定改观（改观程度往往是有限的），没有哪一项出现明显的恶化趋势。也就是说，受访者的普遍看法是，在领导力方面，他/她的企业取得了有限进展（往往是极其有限的）。围绕着这样一个平均值向两端延伸，我们发现，受访者的回复内容并非完全一致，甚至可以说“差异很大”。在低端区间，有些受访者认为，企业在某些具体做法上的表现更加糟糕。在高端区间，有些受访者认为，在诸多具体做法上，他们的企业取得了长足进步。

作为撰写本书所进行的背景调查研究的一部分，3 年间，我全程记录了 5 家企业的管理人员在本书所探讨问题上做出的努力。

通过深入采访，数十个历史案例也浮出了水面（尽管没有那么深入）。总的来说，“为什么那些企业只能取得如此有限的进步”，这些案例故事对我们解答此问题大有裨益。为此，我们呈现了其中 4 种特殊情况。

“东部金融”（Eastern Finance）的故事

东部金融[1]是一家在金融服务行业极负盛名的大型企业。1981 年，东部金融的首席执行官决定优化企业人事职能，聘任杰克 · 菲利普斯（Jack Phillips）为负责人力资源的副总裁。在此之前，菲利普斯一直在另一家大型企业任职，这家企业因优良的“人事管理具体做法”而赢得极高声誉。

来到东部金融不久后，菲利普斯心里以为，该企业还未做好充分准备应对行业内日益激增的竞争强度。他特别担心的莫过于企业的管理层水平。在职务级别最高的 25 名员工中，他没有发现能够成为下一任首席执行官的明显候选人。除了这 25 名员工外，在接下来职务级别最高的 200 名员工中，他发现只有 3 或 4 名员工具备进入执行委员会（由企业职级最高的 25 名员工组成）所需要的特质。于是菲利普斯决定，“执行委员会的人力资源管理”将是他的主要任务之一。1983 年 1 月，菲利普斯在人力资源职能中设置了一个新职务——执行委员会人力资源管理计划主管，并任命其在人力资源部门里最有才干的下属担任此职务。他交办给这位主管的任务是：围绕“优化高级管理层水平”的宏伟目标，全力以赴打造最好的人力资源管理计划。菲利普斯决定，接任者的规划流程将会成为该计划的关键核心。其他的关键组成部分包括：高潜质人才甄别计划、一系列管理层内部培训计划和涵盖企业所有管理人员的线上信息（背景信息和技能情况）存储系统。

接下来的6个月，执行委员会人力资源管理计划主管与菲利普斯和外部的一家顾问公司进行了紧密配合。就像对待某些大学教授所提出的顶尖理念一样，菲利普斯对这方面所存在的诸多优秀经验进行了细致入微的研究：菲利普斯以前待过的企业所施行的相关计划、其他顾问公司的“一揽子计划”和一家因卓越管理水平而声誉卓著的企业所采用的具体做法。最终，他们将最好的经验做法整合成一个厚活页夹。在活页夹中，前10页阐述的是这个新设想的总体任务和各具体计划的目标。然后，更深层次地对这些具体计划进行阐释说明。活页夹中还包含了每年不同时间节点必须完成的表格的复印件，以及这些表格应该如何填写的详细文字说明。

1982年8月中旬，菲利普斯花了半天时间向首席执行官介绍这些全新的具体计划。上司虽然很感兴趣，但依旧将信将疑，并针对这些计划提出了诸多问题。然后菲利普斯进行了细致解答，并更加自信满满地向上司进一步兜售此计划。会议接近尾声时，首席执行官原则上表示同意，他说道：“听着，杰克！在这一领域，你比我更专业，也更擅长。倘若你确信这样做是正确的，我们就应该试试。”

厚活页夹里的内容开始被大批量复制并转发给所有中高层管理人员，同时被转发的还有菲利普斯的计划说明和首席执行官的便笺。除此之外，执行委员会人力资源管理计划主管额外聘任了3名人力资源专业人士，帮助自己管理和跟进各项计划的实施。

在接下来的12个月里（1983年1月至1984年1月），各种具体计划开始上马实施，相关会议陆续召开，各式表格如期完成。所有这些活动结束后，菲利普斯组织并由首席执行官亲自主持为期1天的总结会议。职务级别排在前100名的员工参加了这次会议。会议上，大家对接任者的规划与培养计划进行了回顾总结。

对于过去一年努力所取得的成绩，所有与会者都不满意，尤其是菲利普斯本人。然而，最高层管理人员，包括首席执行官都达成共识，他们必须给予此项计划一些额外时间，至少是12个月。于是，大家决定将1985年2月定为此项计划的评估日期。

伴随着评估日期的悄然临近，到了1984年夏天，越来越多的迹象显示，此项计划并未按照既定设想执行。通过对1984年上半年所有高层岗位的情况进行回顾总结，他们发现，在所有获得晋升的员工中，将近一半的晋升员工并不在1月份所制定的接任者规划名单中。企业管理人员的抱怨声也开始不绝于耳，大意是：作为行政事务工具，新上线的管理人员信息储存系统几乎毫无作为（由于所搜集数据的不完整性和不准确性）。负责管理层内部培训计划的人力资源专员发现，他无法让足量有潜质的员工（由各部门提名）参加各类培训课程。与此同时，首席执行官从高级管理人员那边获悉了越来越多的负面舆论。

到了 1984 年 9 月，对于这些问题的发生，菲利普斯有了愈发清醒的认识。在计划执行过程中，诸多中高层管理人员“拈轻怕重”“阳奉阴违”。比如，某些管理人员将计划推动过程中所产生的本属于自己的职责和义务全部转嫁给人事专员，而人事专员既不掌握所有必备信息，也没有足够的权力来“代替”管理人员推动计划。在实施执行委员会人力资源管理计划时，还有一些管理人员花费时间过少，往往是几分钟的急于求成，而非数小时的步步为营。有时候，某些管理人员并不知晓他们在计划中所扮演的角色、职责和义务应该是什么。在另一些情况下，他们主动规避自己认为不重要或存在漏洞的行为举动。

1984 年 10 月，首席执行官决定相关计划暂缓执行，待到第二年 2 月份评估完成后再做打算。在 11 月份召开的预算会议上，所有部门被要求裁员 10%。其间，首席执行官建议菲利普斯取消执行委员会人力资源管理计划的 4 个岗位。为了保住这 4 个岗位，菲利普斯据理力争，但又很快做出让步。1985 年 1 月，执行委员会的某些成员建议，预计在 2 月份进行的针对执行委员会人力资源管理计划的评估，意义不大。对于这一论调，大多数成员表示同意。

在 1985 年剩余的时间里，只有少数人就放弃执行委员会人力资源管理计划表达了扼腕之情。到了 1985 年底，大多数管理人员似乎遗忘了这一计划的存在。

典型问题

就我们的研究目标而言，“东部金融”的例子值得思考，因为其中的诸多细节好像具有普遍性。这样的故事在大多数行业中的至少一家企业里能找到雷同的影子。[2]

读完第 4 章至第 8 章中的内容（特别是第 8 章），读者们应该能轻易地发现菲利普斯这一举措存在的问题。具体如下：

第一，高层的支持度和参与度不足。在大部分拥有卓越领导力的企业中，首席执行官为培养卓越管理能力的具体做法提供明确且持续的支持。

第二，主导力量的涵盖面过于集中和片面。在吸引、培养和留住领导力才能方面，那些表现出众的企业好像期望和要求各级管理层通力合作，并不倾向于由人事部门单方面主导所有相关事务。

第三，主体责任人不清，过分迷信员工的主观能动性。拥有强大管理团队的企业似乎将构建这些团队的主体责任赋予各级管理层，而不是人事专员。例如，当国际商业机器公司首度推进内部管理培训计划时，主体责任人是区域销售经理，而不是某位人事专员。

第四，计划目标不切实际，难以在短时间内实现。特德·勒维诺（Ted Levino）是一位曾经参与构建通用电气领导力培训计划的管理人员（现已退休）。他表示，将这些具体做法真正落实到位，通用电气花了 10 年时间。

第五，计划更像是强制性负担。在管理水平颇高的企业中，吸引、培养和留住领导力才能的基本流程看上去是所有管理岗位的核心，而绝不是与日常工作格格不入的强制性负担。否则，类似计划只会被当作浪费宝贵时间的无用之举。

无论是我的个人经历还是行政管理人员调查问卷的数据（请看表 9-1）都表明，上述要素，特别是前两个，在优化领导力不成功的案例中极为常见。考虑第 4 章中所描述的综合征背后的力量，以及阻止这一综合征所需抗衡力量的本质（第 8 章中进行了详述），此处所得出的结果基本在意料之中。

表 9–1　阻碍高级管理团队的具体优化做法取得成功的最常见要素：来自行政管理人员调查问卷的数据

要素	阻碍频率
1. 高层的支持度和参与度不足	70%
2. 新计划中，主导力量的涵盖面过于集中和片面	51%
3. 新计划中，主体责任人不清，过分迷信员工的主观能动性	21%
4. 计划目标不切实际，难以在短时间内实现	17%

“百时美施贵宝公司”的故事

无论是方式方法还是迄今为止所产生的效果，“百时美施贵宝公司”的故事与“东部金融”的故事都形成了鲜明的对比。[3]

故事发生在1983年的秋天，百时美施贵宝公司的政策委员会（由企业职务级别最高的员工组成，大约15名成员）一致通过了关于改进企业人力资源的倡议，具体侧重方向为“管理层培养与发展”。此项倡议由负责人力资源的副总裁和他的下属——人力资源发展主管共同提出，并得到了首席执行官的大力支持。根据倡议要求，一个专门以该企业“管理层培养与发展”为研究对象的工作小组应运而生，研究时长大约1年，其形成的最终结果将向政策委员会汇报。

在1984年最初的3个月里，人力资源发展主管简·马戈利斯（Jan Margolis）负责工作小组的筹备。经过仔细推敲和精心挑选，最终敲定的工作小组成员有14人：企业各部门代表各一名、全体员工代表一名、外部专家一名以及马戈利斯本人。值得注意的是，在工作小组人员构成中，来自人事部门的成员占少数（14名中的3名）；成员年龄跨度从30多岁到50多岁。

1984年3月，马戈利斯与工作小组的每位成员进行“一对一”会面。她将工作小组的职责和义务向每位成员进行了简短说明，解答各位成员的疑惑，倾听他们对于企业管理层的直观感觉。外部专家出席了工作小组的数次会议，加思·戴蒙（Garth Dimon，马戈利斯的上司）对工作小组的调查研究进展保持持续关注和跟进。

1984年4月，工作小组第一次会议在位于纽约派克大街

（Park Avenue）的企业总部召开。整个早晨，成员们从更广泛的视角探讨“管理层培养与发展”。其间，讨论内容涉及本书前面章节所涉及的诸多问题，其中就包括“要使管理层领导力水平在极短时间内突飞猛进”的艰巨性。下午，成员们聚焦于“如何推进这项任务”。会议接近尾声时，成员们一致同意，下次会议之前，成员们仍需对若干问题进行更深入的了解和讨论，包括：第一，在“管理层培养与发展”方面，各部门目前都有哪些举措。第二，在“管理层培养与发展”方面，其他企业目前都有哪些举措。第三，百时美施贵宝公司目前所采用的具体做法，效果如何。

接下来的 5 月、6 月和 7 月，大量相关信息被搜集整理，并转发给成员们。在这 3 个月中，两份调查问卷（其中就包括行政管理人员调查问卷的最初版本）被制定并派发。企业通过各种方式鼓励工作小组成员与各自的部门总裁和人事专员保持沟通渠道的畅通。除此之外，在 5 月份召开的人事主管会议上，与会者花了一个早上的时间着重探讨“管理层培养与发展”议题。

1984 年 8 月，为期一天的工作小组第二次会议在芝加哥如期举行。过去数月间所搜集的信息在早上的会议中得到充分讨论。下午，相关意见建议初具雏形。

1984 年 9 月至 10 月初，各部门管理团队和企业最高层（包括首席执行官本人）就相关意见和建议展开讨论。10 月底，工作小组成员们再次会面，将相关意见建议最终确定下来。同年 10 月底，由 40 名职务级别最高的管理人员参加的为期 3 天的非现场会议如期举行，首席执行官亲自主持。首席执行官花了一上午的时间，以“管理层培养与发展”为主线，阐明观点和立场。

1984 年 12 月，工作小组与政策委员会举行会议。其间，工作小组的 3 名成员作正式报告，内容包括：工作小组调查研究的背景和过程、所搜集到的信息，以及最终确定下来的相关意见建议（意见建议的篇幅只有 3 张单行距打印纸大小）。成员们建议，就找寻、培养和留住具有领导力潜质的员工而言，集团总裁和各部门总裁是主体责任人。这一主要建议和其余辅助性意见皆受到广泛认可。

1984 年 12 月末，首席执行官要求政策委员会的 4 名成员就相关意见和建议进行深入研讨。1985 年，经过 6 个星期的反复推敲和慎重考虑，政策委员会向首席执行官汇报最终结果。在汇报会议上，除了一个次要意见未被采纳外，政策委员会正式通过了几乎所有意见建议，并要求工作小组就相关意见建议拟定具体实施细则。

1985 年 4 月至 5 月，工作小组又召开了两次会议。会议期间，成员们制定了 6 页的具体实施细则，内容包括：“管理层培养与发展”新政策介绍和实施指导方针。

与此同时，从 1984 年 12 月至 1985 年 6 月，以各部门为单位，围绕本部门在“管理层培养与发展”方面的相关事宜，分别召开为期半天或一天的会议，会议最终涉及了职务级别最高的 400 名管理人员。会议内容涵盖了 1984 年 10 月最高层所听取的相关工作报告。根据首席执行官的建议，会议所产生的一切费用由总部承担。除此之外，首席执行官在1984年10月底所做的讲话（强调“管理层培养与发展”的重要性）复印件被发往各级管理层。各级管理层还收到了该年度报告复印件，年度报告以高度可见的格式摘录了首席执行官的讲话内容。

1985年7月至10月，企业针对“管理层培养与发展”政策实施所涉及的所有主体责任人召开一系列会议。这些会议的目的在于讨论具体意见建议，并厘清其所蕴含的深刻意义，解答与会者的疑问。与会人员包括集团总裁、负责企业员工的集团副总裁、部门总裁和高级人事主管。至少两名工作小组成员以及高级人事主管出席每一次的会议。

前期准备动员工作结束后，企业于1986年春天进入主要意见建议的实施阶段。简单地说，具体如下：

- 部门总裁和负责企业员工的集团副总裁与各自的直接下属通力合作，甄别高潜质员工、厘清这些员工的培养需求，以及创造机会来达成这些需求。
- 部门总裁与集团副总裁共同总结回顾上述事项的进展情况，每年至少一次。
- 人力资源的高级副总裁将最终结果（哪些员工是高潜质员工，以及为他们所准备的培养计划）向最高层的15名管理人员汇报。

撰写本书时，企业已制订了下一步计划。按照最新计划，工作小组将于1987年初召开会议，全面评估这些意见建议的具体执行情况，并酌情考虑是否加入新的想法。

现在就开始渲染这项计划将会成功未免言之尚早。就目前的进展情况而言，能看到企业在“管理层培养与发展”方面的零星变化。尽管如此，该计划拥有一个良好的开端，因为与其他优化企业领导力水平的尝试不同，“百时美施贵宝公司”所采取的方式方法有以下特点：

第一，首席执行官给予此项计划大力的支持。

第二，从计划一开始，各级管理层就活跃其中。

第三，计划主导力量（工作小组）几乎囊括所有部门的管理人员（不仅仅是集团高层）。

第四，计划是以循序渐进的方式推进的。“一口气吃成胖子”的想法从一开始就被极力抑制。

在这个故事中，首席执行官、各级管理层和人事专员通力合作，产生了良好的化学反应。与“东部金融”不同，“百时美施贵宝公司”所采取的方式方法至少有机会影响企业文化、规章制度和管理层的行为举止，因此能逐渐对企业的“管理层培养与发展”方面产生长远影响。

“克莱斯勒”的故事

刚才所描述的那种方式方法是需要时间的，通常需要大量时间。当企业寄希望于在短时间内使管理层风貌为之一变（通常是因为企业正面临迫在眉睫的危机）时，此类尝试通常是以失败告终，但也并非没有成功案例。常言道“置之死地而后生”。“克莱斯勒”的故事就是这种高风险方式方法获得成功的最佳例证。

比照3年前的克莱斯勒与亚科卡接管后的克莱斯勒，其管理层风貌有着天翻地覆的变化。发生这种变化的不仅仅是管理层风貌，企业在应对日益激增的行业竞争强度方面也获得了长足进步。毋庸置疑，企业转变的“导火索”源自李·亚科卡的横空出世。在亚科卡上任的第一天，他就已经具备了图3-1（“高层管理职务所需高效领导力的若干必要条件”）所罗列的大部分领导力特质。他唯一缺乏的是对克莱斯勒内部情况的了解以及他主导转变所需要构建的若干内部关系。为了帮助自己弥补这一缺陷，他立即挑选了一名副手。这是克莱斯勒的一位声誉极好的高级管理人，亚科卡之前在福特公司时就对其十分欣赏。这位副手出色地充当着亚科卡的“耳目”，为其日后的改革计划打下了良好基础。

亚科卡打造全新管理层团队的第2步是说服一大批福特公司的管理人员（其中也包括近期从福特公司退休的员工），来克莱斯勒工作。这些人都是亚科卡所熟知和欣赏的，他们知道该如何通力合作。从另一个层面上看，就亚科卡本人而言，这或许是他唯一能吸引到克莱斯勒（当时被很多人认为是正在下沉的巨轮）的一批人才。

亚科卡的第3步是将目光和侧重点转向企业内部。积极搜寻企业内部具有领导力潜质的年轻员工，以及之前被忽略（或无视）

的“老”员工。通过亚科卡和他的全新高层管理团队所主导的人才搜寻计划，数百名员工走上了新的工作岗位。

亚科卡的第 4 步是为企业在激励、认可和帮助能够提供高效领导力的员工方面营造良好氛围。这一步包含了诸多具体做法。亚科卡用其全新的视角和策略授予管理人员足量的自主权（这反过来使管理人员能够更加灵活、更加适宜地制定具体章程）；大力整顿官僚主义作风，削减管理层级和人员规模，减轻计划推行的实际领导阻力；扎紧扎密制度的笼子，使过去频发的狭隘的权术博弈变得无处遁形。

克莱斯勒用了近 3 年的时间将上述步骤落实到位（这在大型企业中实属“光速”），这些具体做法非常有效。人们给予亚科卡许多的鲜花和掌声，不仅仅是他为处于“危急存亡之秋”的克莱斯勒注入新生活力，也因为他没有像常人一样在这样的情况下失误、失控。

从某种意义上看，在亚科卡加入克莱斯勒 10 年后的当下，第 5 步依旧处于推进落实阶段。第 5 步试图将企业文化和具体做法深植于克莱斯勒，以便当亚科卡卸任时，企业依旧能打造出具有高效领导力的管理团队。此时此刻，我们并不清楚第 5 步的进展情况如何，只能拭目以待。

“爱德华·罗宾斯”（Edward Robbins）的故事

倘若读者问我最能反映当下企业真实状况的故事是哪个，我的回答不是“东部金融”，不是“百时美施贵宝公司”，当然也不是“克莱斯勒”。在当下，大多数涉及整个企业的领导力才能优化计划的真实状况处于“东部金融”和“百时美施贵宝公司”之间。大多数因企业危机而引起的优化计划，其效果远逊于“克莱斯勒”。更符合当下真实状况的是那些更不易察觉、更非戏剧化的故事。从这个意义上看，这些所代表的有时是一群勇气可嘉的人，为了改变当下现状，他们以“壮士断腕”的决心和“高山流水”的孤独进行着未知的尝试。

爱德华 · 罗宾斯就是这样的人。[4] 他 40 多岁，在一家世界范围内拥有 50000 名员工的制造企业里负责一个拥有大约 5000 名员工的部门。由于工作和个人原因，爱德华确信，在部门内培养更加强大的领导力才能是至关重要的。自从爱德华担任目前职务开始，他不遗余力地追求着这一目标并逐步取得成功，尽管来自上司的支持和鼓励少之又少。

与他的大多数同事不同，爱德华将组织建设有机融入市场开发和产品研发中——组织建设成为他与管理人员日常工作对话的一部分。每当他试图优化市场开发和产品研发计划时，他都会将管理团队培养计划囊括进来，并加以考虑。在许多情况下，这种倾向都不自觉地显露出来。在一次市场预测会议接近尾声时，年轻人乔治（George）的名字出现在谈话中。爱德华询问乔治是否与顾客建立了良性关系，以便日后在更关键的销售管理工作中能够提供高效领导力。当爱德华碰见一名近期在重点大学推进校园招聘工作的管理人员时，他会详细过问招聘情况。当他出差前往位于另一座城市的分公司时，他与分公司负责人推介的一名具有高潜质领导力的年轻女员工进行了数分钟的简短谈话。

爱德华也会与直接下属花一整天的时间对人才状况进行回顾总结，每年至少1次。回顾总结的内容包括：他们所认为的有潜质员工、这些员工的培养需求，以及达成这些培训需求所需制订的计划。在达成员工培养需求方面，尽管从企业其他部门获得的帮助少之又少，但他仍尽心竭力地满足本部门人员的培养需求，并要求下级管理人员要有“看齐意识”，发挥“头雁效应”。

在爱德华的人才培养计划中，企业人事职能部门几乎没有提供任何形式的帮助和支持。然而，爱德华吩咐自己的人事助理该如何为计划提供帮助，在人事助理的大力帮助下，人才培养计划稳步向前推进。

倘若你与爱德华的部门员工进行交谈，他们会迅速指出，爱德华是一个好榜样。他们表示，通过观察爱德华的处事方式，他们对于管理层面的领导力有了更深入的了解。他们强调，爱德华给予他们许多展现高效领导力的机会和平台。爱德华不会以上级常有的官僚主义作风或微观管理模式来遏制员工的良性发展。他勇于承担人才培养风险，员工们对此表示感谢。

由于企业其他部门在找寻和培养管理才能方面没有多少作为，所以爱德华的部门脱颖而出；其部门员工偶尔也会被调往别的部门任职。这无疑加重了爱德华部门的短期压力，然而，这也从两方面助推了爱德华的中长期计划。首先，随着“持爱德华理念”的员工越来越多地在其他部门担任重要职务，他能够从其他部门获得更大程度的协同和帮助，并最终提升本部门业绩。其次，爱德华获得了越来越多在企业中有分量人士的称赞，他成为下一任首席执行官的可能性变得更大。

诚然，爱德华的努力并没有使企业的管理水平发生根本性转变，但这些努力所产生的影响也是不容忽视的。

领导力问题的总体状况：分析评估

在为撰写本书所进行的背景研究中，我遇见了来自数十家企业的数百名管理人员，他们在领导力方面的诸多想法和困惑恰好是前面章节所试图厘清和解答的。很多时候，我们只进行了初步讨论。而在其他情况下，我发现了类似于“爱德华 · 罗宾斯”“百时美施贵宝公司”“克莱斯勒”和“东部金融”故事中的尝试。总体来看，我认为（问卷调查数据支持此观点），企业的领导力优化小有起色，但显然是有限的。

为什么越来越多的企业无法迅速且成功地适应第 1 章中所描述的商业环境转变，原因或许是多方面的。在某些情况下，我们可以将问题部分归结于缺乏对这些商业环境转变或者转变背后所蕴含深远意义的清晰认识。我发现，在当下，尽管大多数人都意识到竞争强度的变化，但“这一变化对管理职务（领导力问题）意味着什么”？很少有人对此引起足够重视。而且，更棘手的问题莫过于企业转变本身的困难性。克服短期经济效益压力和狭隘的权术博弈是艰难的。营造足以长期抗衡上述两股力量的企业文化或许更加艰难。维系企业曾经成功营造的良好文化氛围看上去是一个真实存在的挑战（事实上，在第7章所描述的若干企业中，企业扩容、人员差异和短期经济效益压力似乎都在腐蚀着曾经带领企业创造辉煌过往的文化氛围）。

看来，我们还无法给出简单明确的答案。尽管如此，本书分析过程中所暗含的一些额外想法应该对领导力问题的诸多方面有所帮助。

就像第9章前半部分中所描述的，尽管某些企业就领导力优化进行了尝试，但在当下，仍有大量企业离卓越业绩所需的高效领导力才能相去甚远。许多企业或许正沿着正确的轨道进发，但看起来进展非常缓慢。而且在某些情况下，企业显然没有获得任何进展。

倘若我们想在企业领导力的诸多方面取得长足进步，我们究竟需要什么？我将从个人角度概述那些必要条件。就像你所看见的，我不认为有关领导力的问题存在任何简单定论。即使是最巧妙的手段和技巧（尽管它们在某些情况下肯定是需要的）也不足以改变企业文化。为了彻底改变企业文化，我们还需要某些更贴近本质的东西。

就像视角能够助推领导者规避传统管理者和官僚主义作风一样，强大的理想信念能够扭转不利局面，使不合理计划、不恰当具体手段或天真想法无处遁形。全新的理想信念是我们所需要的——更准确地说，对于某些基本问题所持的全新思维模式是我们所需要的。

对于管理职务的思考

关于“职业管理人员”（拥有管理一切事务的能力）的概念，倘若我们一针见血地指出其极富活力背后的弊病本质是大有裨益的。尽管已有一些先觉先知之人试图指出这个概念所存在的问题，但它对于当下所产生的影响依旧非常深远。它像幽灵一样混迹于工商管理学硕士教育中。它影响着管理者们的职场认知，甚至有时是以极具破坏力的方式。在过去 20 年间，它被用来为某些具有悲剧色彩的人事决定、某些企业袭击者所进行的愈加粗暴和充满恶意的收购行为，以及诸多鲜有成效的多元化尝试“站台”“背书”。

这个概念所存在的问题不在于促成其生根发芽的创新思维本身。就像一切被称作“职业”的事物一样，管理本身需要若干伦理标准。无论管理内容是什么，其伦理标准的运用或多或少是通用的：市场调查工具、会计核算、库存管理和竞争分析。此概念的真正问题在于当下的管理职务不仅仅需要传统意义上的管理能力。就像我们之前所看到的一样，他们最需要具备的重要潜质是领导力。在规划、预算、组织和掌控环节拥有良好表现是远远不够的，当下管理人员还需要良好的视角、策略、协同合作和内驱力，以便从容应对竞争激烈的商业环境。

与传统意义上的管理不同，领导力所倡导的理念是“因势而谋，应势而动，顺势而为”，这是需要大量时间去培养和锻造的。也恰恰是因为其形成的长期性和艰巨性，没有人对“职业领导者”的概念抱有任何幻想。当然，这也并不是说当下就不存在拥有广博知识储备的天才，能够在行业和企业中信手拈来，游刃有余。这样的天才总是存在的，尽管数量稀少。值得注意的是，即使是这些天才也并非尽善尽美，他们在管理方面依旧存在缺陷与不足。

至少在能预见的未来，大多数的管理职务需要具备领导力。对于重要管理职务而言，领导力的需求程度更加急迫。我们需要清楚认知这些管理职务的准确定位，现在正是时候。当我们的全新认知落到实处时，这将对管理职务的用人标准，以及如何培养符合此标准的管理人才产生深远影响。除此之外，它也会塑造（朝着更好的方向）我们考量商业策略上的方式方法，尤其是在企业收购方面。

对于领导力的思考

提到“领导力”，大多数人会联想到甘地（Gandhi）、丘吉尔（Churchill）或亚科卡。这样一来，他们所信奉的观念只与少数人息息相关。如此这般，年轻管理人员将不再尝试培养自己的领导力潜质，因为，他/她意识到，他/她终究只是一个凡人，并非天生的领导者。这样一来，他们的上司也不会在该潜质的培养方面有所作为（上司会辩解道，这个年轻人终究不是亚科卡）。如此这般，在招聘时，这些上司也不会将“领导力”考虑进去（他们认为，找寻和打造新一代领导者是首席执行官一个人的工作）。这些理念和行为所形成的总体效应是非常巨大的。

在当今时代，领导力观念平民化和普及化是非常重要的。是否认可这一观念，其聚集效应是有差异性的：一面是反应迟缓和令人窒息的官僚组织，另一面是生机勃勃且具有适应能力的高效组织。从个人层面上看，这种观念的形成发展有时是非常微妙且不易察觉的。这种情况尤其真实，倘若这一观念是通过“拿来主义”获得的（视角并非出自原创）；倘若被领导的人数是少量的。在当下，这种情况是常有的。

毋庸置疑，倘若我们能让更多人以平民化和普及化的方式看待领导力，而不是为其蒙上传奇和神秘的面纱，这将是大有裨益的。只有树立正确的领导力观念，我们才能推动一场针对具体做法的重新评估，而这些具体做法对于企业中大量员工的职场轨迹具有塑造作用。只有坚持正确的领导力观念，我们才能对企业管理人员形成倒逼之势，“迫使”他们在几乎所有招聘决定中，为领导力潜质的考量保留一席之地（紧接着，这或许还能带来其他红利：倒逼越来越多的企业以更加积极的态度追求女性员工、来自少数族群的员工和外籍员工，以便拓展企业的劳动力市场）。

关于管理生涯的思考

在很大程度上，当下的管理生涯始于教育计划，随即通过一系列的职务晋升和薪资提升进入更加重要的职位。这并不是一个可持续性发展的培养流程，管理人员无法通过这样的流程逐渐拥有诸多必要条件（业务知识储备、声誉、良好工作关系和其他能力），以便应对愈加棘手的挑战，尤其是领导力挑战。因此，在当下，某些天赋异禀的员工以自我毁灭的方式规划自己的职业生涯。除此之外，由于过度关注薪资提升和职务晋升，而过度忽略他们自己的发展与培养需求，以及如何达成这些需求，他们使自己陷入困境，举步维艰。

从很多方面来看，杰拉尔德·斯坦顿的案例（第4章）都具有典型性。例如，倘若他能够以长远眼光充分地规划个人职业生涯，在使自己的职业生涯碰壁的事件发生之前，他或许应该“以培养为初衷”，通过平行轮岗的办法离开零售部门。尽管这一举动将减缓其垂直晋升的速率和薪资提升的频率，但倘若处理得当，它能够：第一，拓展斯坦顿对于更广泛业务领域的了解；第二，延展斯坦顿的人员接触面，而不局限于零售部门；第三，为斯坦顿提供更多的榜样和导师，与零售部门的主要负责人乔·克拉克相比，他们更有助于斯坦顿的成长；第四，将斯坦顿置于一个良性工作氛围。在这里，工作变得更具可塑性，他也更有可能持续打造自己的声誉和业绩记录。

充分的职业生涯管理分为3个部分：自我评估、机会评估和具有前瞻性的职业规划。[1] 第一部分指的是，结合职业目标、自身培养的进展情况，以及还未实现的培养需求，对于相关问题进行常态化透彻思考。第二部分指的是，寻求可行性方案，达成这些培养需求。第三部分指的是，根据前两部分所形成的深刻见解，制定计划（请看图 9-1）。

A. 自我评估

1. 我的职业目标是什么？

2. 在与这些职业目标相关的诸多方面中，我目前的表现如何？

- 业务知识储备
- 组织结构知识储备
- 良好的工作关系
- 人际交往能力
- 智慧水平
- 过往业绩
- 声誉

B. 机会评估

1. 在不久的将来，我拥有哪个或哪些职务选项？

2. 就这些选项而言：

- 与职业目标的贴合度如何？
- 与培养需求的契合度如何？
- 我是否具备了将它做好的必要条件？

3. 是否还有别的机会？这些机会又是如何达成培养需求的？

- 特别策划/任务？
- 培训计划？

C. 具有前瞻性的职业规划

1. 鉴于自我评估和机会评估所得出结果，考虑到短期的商业和政治现实，在未来 5 年中，哪些计划是言之有力的？

2. 我如何将这些计划向上传递给重要上司和导师，以便获得首肯与承诺？

图 9-1　充分的职业生涯管理

倘若越来越多的人按照图 9-1 中的方式思考他们的职业生涯，这将对领导力培养产生最强大的影响力。关于如何使用工作经验培养哈里（Harry）或哈里特（Harriet）的相关决定将会以更加成熟的方式做出（因而，培养效果将会更加立竿见影）。

作为一名教育工作者，我痛苦地意识到，我们的教育体系并没有出色地教导年轻人用上述方式思考自己的职业生涯。这同样需要改变。

对于人力资源专业人士角色定位的思考

当企业高层对于构建强大管理团队，缺乏责任意识和担当意识时，当各级管理层对首席执行官的领导“阳奉阴违”，全然忽略相关重要事项时，人力资源专业人士有时会越俎代庖，企图通过一己之力实现领导力水平的优化。他们开设管理培训课程（尽管高层人士并未有此要求）。他们构建接任者规划流程，试图强迫各级管理层参与其中。他们进入大学校园，试图招聘高潜质人才。他们专门为高潜质员工提供特殊培养计划。他们，他们，他们……

这一做法背后的态度大概是这样的：（1）吸引和培养能够提供高效领导力的管理团队对于企业未来发展至关重要，然而，（2）各管理层并没有为此提供任何支持和帮助。于是，（3）当我们认清这一点（这一活动只与人力资源有关）时，（4）我们会将这一目标的实现全部揽在自己身上。

这一做法从未产生过任何作用。实际上，与其说“毫无作用”，不如说这一做法使情况更加糟糕。

稍显讽刺的是，这里所暴露的深层次问题与领导力息息相关。高校和大多数企业灌输给人力资源专业人士的观念（其他几乎所有人都信奉这一观念）是，他们必须成为技术能力过硬的个人贡献者。高校和大多数企业教育他们如何凭借一己之力实现目标，而极少引导他们思考，当他/她对于其他人拥有一些或未拥有任何正规掌控时，他/她又该如何通过他人实现目标。高校和大多数企业并未告知人力资源专业人士如何成为领导者，而这恰恰是他们所需要的，尤其是当高层对于人力资源事务缺乏责任担当意识时。

在上一本书《权力与影响：超越正式权限》中，我用了大部分篇幅探讨领导力在这一方面的相关问题。在这里，我将对上一部书中的重要观点归纳总结于此处，供读者参考：

第一，人力资源专业人士不应该将“技术能力过硬的个人贡献者”作为自己的概念化角色，而应清楚认识到，他们的职责是帮助企业在人力资源事务中拥有领导力。

第二，提供领导力意味着影响其他管理人员在追寻、培养、留住和激励才能方面勇于担当，影响他们以明智的方式履行这一职责（就像本书前面章节所阐述的一样）。

第三，一味诉诸正式权力是无法形成这种卓有成效的影响力的。试图命令或强迫管理人员达成某一目标是毫无作用的。卓有成效的影响力必须依赖其他权力来源：相关信息、良好工作关系、声誉、人际交往能力、智慧水平、过往业绩等。

第四，在当下诸多人力资源专业人士中，培养这些权力来源（拥有人力资源职务并不意味着拥有了这些权力来源）应该被给予更高的优先级。

不幸的是，这看似简单的四点要求所蕴含的讯息并非某些人力资源专业人士想听到的。除非他们认真看待这些问题，否则他们将继续扮演边缘角色，尤其是在这样一些企业中，高级管理层往往对关键人力资源问题予以忽视；但其又最需要人力资源领导力的帮助。

对于管理全球业务的思考

许多企业将成为全球产业的重要参与者。[①]随着通信与交通领域的持续发展，这一趋势至少在可预见的未来将延续下去。

尽管某些商业人士开始将自己看作“全球市场的参与者”，但对于这一理念背后所蕴藏的管理含义，予以重视的人却少之又少。

拥有真正意义上的全球业务或许需要真正具有全球化视野的管理团队——一个能够了解和从容应对不同国家和文化的管理团队。然而，在当下，没有一家主流美国企业拥有高度国际化的管理团队，无论他/她是如何定义“国际化”的。[②]某些知名企业的

① 关于所涉及力量的探讨，请参考波特（1986）。

② 有些企业的管理层确实比另一些企业的管理层更加国际化（比如，花旗集团和可口可乐）。

高级管理团队几乎没有除美国以外的其他从业经历。我曾经参观过一些在 50 多个国家拥有业务往来的美国企业，然而，企业职务级别在前 20 名至 30 名的管理人员的海外从业经历均不满两年。某些知名企业甚至将国际分支作为“发配”和“流放”之地，专为业绩不佳的管理人员准备。

打造国际化管理团队并非易事。对于一家美国企业而言，吸引并将非美籍人士融入其中是困难的。说服天赋异禀的年轻美籍员工接受海外任务更加艰难，尤其考虑到当下日渐普遍的双职工问题和倾向短期效应的业务关注。一旦员工被派往海外，要将他们召回国内同样是一个挑战；对于某些人来说，回到美国比派往海外更加艰难（尤其是当之前的导师和支持者将他们“遗忘”的时候）。

尽管如此，有证据显示，这些问题是可以克服的（至少部分克服）。可口可乐职务级别在前 50 名的管理人员当中，有将近一半的管理人员出生于海外，所有高级技术人员的过往经历报告显示，他们拥有至少 3 年的海外从业经历。到 1990 年，美国强生职务级别在前 35 名的管理人员中，1/3 的员工拥有大量海外经历（无论是通过职场任务还是海外出生）。当下，摩根信用担保公司职务级别在前 86 名的管理人员中，大约一半的员工拥有两年或以上时长的海外经历。

对上述趋势，越来越多的企业需要仔细思考。

对于竞争优势来源问题的思考

静下来回顾过往，在20世纪50年代和60年代，对于诸多企业而言，竞争优势来源有哪些。在那时，5个最显著的要素是：

第一，在不断增长的市场中拥有巨大的市场份额。20世纪50年代和60年代的赢家在市场份额上占有绝对的主导地位，使其他同行黯然失色。即使是发展更加迅猛的利基市场，赢家们往往也能占据主导地位。在规模经济当中的主导地位为其带来了巨大经济效益，从而允许他们进行更大规模的投资，动用一切手段捍卫自己的市场主导地位（比如通过新产品研发、广告营销）。

第二，对于需求量不断增长的产品拥有专利权。事实上，在某些行业，专利权促使市场赢家垄断某些最好的产品，而这样的垄断为其带来了卓越的经济效益。随后，这些赢家运用一部分经济效益，在核心专利的周围包裹一层又一层的增补专利，延长优势的持续时间。

第三，伴随着不断增长的市场，在资本高度密集型产业中拥有强大的生产能力。第二次世界大战后，随着需求的激增，在某些资本高度密集型产业中，能够应对产品需求的企业获得巨额利润。凭借巨额利润，这些企业能够比同行以更加迅猛的态势进一步提高生产能力（同行没有足量资本）。同时，严苛资本要求所形成的市场壁垒，阻碍具有潜力的新竞争对手参与其中（尤其是在海外竞争中，这些地方因长期贫穷或因第二次世界大战对金融市场的摧残而处于弱势地位）。

第四，有利的政府规定。在某些行业中，赢家们能够站在食物链顶端，因为政策法规从实质上将新的竞争对手挡在行业之外，并有利于赢家们在现有竞争环境下抢占先机。赢家们将巨额财富的一部分用于游说，以便维持或加强政策法规的利好效应。

第五，对主要供应源的掌控。在某些行业中，赢家们之所以能笑傲江湖，一个重要原因是他们对用于竞争的主要原材料拥有更好的掌控。换句话说，倘若你拥有了大多数种植优质香蕉的原产地，并且香蕉需求量旺盛，那你的香蕉生意会非常红火。

诚然，在 20 世纪五六十年代，还有一些要素能够被看作重要竞争优势的来源。

上述列表之所以令人关注，从近几年中明确认识类似的“获胜特质”之所以重要，皆因为世界正在改变，使得上述要素或许在将来变得没那么显著。以过往行得通的“正确”分析所获得的商业策略可能会沦落为当下灾难性后果的一个主要原因。

大多数未来学家对于正在发生改变的 3 大根本点存在共识。与第二次世界大战后的 10 年相比，当下和可预见的未来是迥然不同的，这样的变化出现在大多数行业。

1. 竞争强度激增；

2. 更多的国际竞争；

3. 更多资金充足的国际竞争。

第二次世界大战后，大部分的发达国家躺在废墟中，或被炸得面目全非或国家破产或两者皆有。发展中国家所拥有的资金或产业少得可怜。至少与当下相比，交通运输与通信基础设施是微不足道的。在那样一个世界背景下，无论是在国内或区域范围（除了某些美国出口商），还是拥有少量大型银行账户的企业之间，大多数的行业竞争相对温和。

过去40年，这一趋势发生了根本性转变，并继续发生着变化。在当下，我们发现，资金雄厚的德国、美国和韩国企业在某些行业中争得鱼死网破，而在其他行业，来自日本、巴西和英国的大型企业也在不断地向着对方的市场份额发起冲锋。

这些转变的背后蕴含着十分重要的含义。在这样一个侵略性强且资金充足的竞争大背景下，能够使诸多企业在数十年前异军突起的最常见要素已不再是竞争优势的保障性来源。这并非是说，这些要素在当下已经不重要了。某些要素依旧非常重要，尤其是在某些行业中。然而，就一般情况而言，由于某些完全可预测的原因，这些要素的重要性已呈现渐弱趋势。

仔细考虑一下上述所提及的5个要素。第一个是“在不断增长的市场中拥有巨大的市场份额”。毫无疑问，这一要素在当下依然重要。但是，倘若日本人在过去20年间教会了我们什么。那就是，你所掌控的市场份额是能够堂而皇之地被一个资金雄厚且伺机而动的竞争对手买断的。通过物美价廉的产品、低回报或无回报的承诺，他成功进入你的市场，并逐步获取市场份额。“专利权”（第二个要素）同样非常重要，但其重要性呈现渐弱趋势，特别是在经济占比不断壮大的服务行业中。然而，即使是在制造业中，“专利权”只有在科技更新缓慢的时候才是最有效的。而当科技更新速率不断刷新时，“专利权”已沦落为越来越低效的竞争工具。在当下，科技更新速率加快的一个重要原因是，越来越多的竞争对手将足量的资金用于科技研究与开发（R&D，Research and Development）中。倘若科技研究与开发未取得既定效果，资金雄厚的企业可以通过收购拥有“专利权”的企业或租借“专利权”等形式实现目标。[4]

第三个竞争优势的传统来源是“在资本高度密集型产业中拥有强大的生产能力”。它依旧非常重要，但同样呈现渐弱趋势。看看钢铁行业，第二次世界大战后，几家规模最大的美国钢铁企业表现卓越。而在当下，来自日本和其他国家的企业大力投资建厂，运用更现代化的技术推动钢铁生产。与美国的传统工厂相比，这些新工厂更有效率。然而，美国业内人士发现，完全摒弃传统老旧工厂，并重新构建现代化工厂是极度痛苦的。于是，来自日本（巴西和韩国）的企业获得行业胜利。对于某些美国企业而言，曾经最宝贵的财富如今却成为扼住其发展咽喉的沉重负担。

说到“政府规定”（第四个要素），它与当下的相关性应该是显而易见的。在诸多行业中，我们正经历着并持续获得越来越宽松的监管，极具侵略性的竞争对手动用手头的资金极力游说联邦政府和州政府推动构建更自由、更有竞争强度的贸易体系［总是戴着正义的帽子（white hats），以消费者的名义进行游说］。在航空、货车运输、通信和银行业，我们已经看到了此种趋势。毫无疑问，这种趋势将会波及更多行业领域。

列表中还剩一个要素：对主要原材料的掌控。同样的，我们会很轻易地发现，在当下，这一要素已无法完全保证企业的成功。竞争对手可以仰赖自己的雄厚资金探究这些材料的新来源，或者如果有必要的话，以高价购买它们（岛屿、油田、金矿）。

换句话说，在近几年中能促进诸多企业表现卓越的若干最主要的竞争优势来源，在将来会变得没那么管用，根本原因在于这些要素能够被具有侵略性且资金雄厚的竞争对手轻易购买（比如，生产能力或专利权）或推翻（比如，政府规定）。并且，这类竞争对手的数量正逐年上升。

凡此种种都为我们提出了一个问题。倘若有的话，什么样的要素能为企业提供可持续性的竞争优势呢？因为这个要素是无法被一本厚厚的支票簿所轻易购买或推翻的。大多数持怀疑论者会立马答复道，厚厚的支票簿能买到一切。然而，这肯定不是真的。有些东西或许是无法用金钱买到的，“资金雄厚的失败者”恰恰是本书主题所探讨的其中一方面。

“通过不遗余力地制订具体做法和计划构建强大管理团队，并最终为业务运转提供高效领导力”，能够做到这一点便拥有了当下最强大的竞争优势来源。即使一家企业正在与另一家资金十分雄厚的大型企业展开竞争，倘若这个竞争对手不曾拥有具有可比性的具体做法，它或许需要花 10 年时间营造良好氛围，使这些具体做法具有可持续性。[5] 在这 10 年里，拥有强大领导力的企业完全能够在真正的竞争环境下占据主动，碾压对手。

上述分析让我们回到了这样一个问题：我们应该如何看待本书所涉及的诸多议题。在当下，许多人在看待这些议题上出现了方向性偏差，它们要不被看作“深奥难懂的大学问”（领导力是与“甘地”和“丘吉尔”挂钩的一种神奇力量），要不被看作“繁杂的人事琐事”（比如，“领导力属于招聘事务”），要不就是两者皆有。也就是说，他们没有看到，当下商业环境从某种意义上已使领导力民主化，它不再是某些人的专利，而成为与许多人息息相关的常态化工具。他们也没看到（或者拒绝承认），人们是否为应对领导力挑战做好准备，这取决于组织结构的具体核心做法，而不是居于次要地位的“人事计划”。从最广泛的意义上看，他们没有意识到，我们此刻所探讨的“不断变化的商业环境”是如何转变竞争优势的诸多根本要素的，而这恰恰是企业能够在未来异军突起的必要条件。

综上，领导力观念必须转变。

附　录

行政管理人员调查问卷

问卷说明：请您就企业在行政管理方面的表现给予坦诚且真实的评价。

第一部分

招聘与雇佣

1. 在招聘与雇佣足量具有高效领导力潜质的人才方面，企业目前表现如何？（单选，请画圈作答）

卓越/非常好/好/尚可/糟糕

2. 5 年前，在招聘与雇佣足量具有高效领导力潜质的人才方面，企业表现如何？（单选，请画圈作答）

卓越/非常好/好/尚可/糟糕

问卷说明：以下罗列的若干计划和具体做法会对所招聘与雇佣人才的类别和质量产生影响。首先，请您就各计划和具体做法在吸引足量具有高效领导力潜质人才方面的目前表现进行评价（请在恰当的数字上画圈）。然而，试回想一下，5 年前，这些计划和具体做法的表现。倘若问您上述同样问题（各计划和具体做法在吸引足量具有高效领导力潜质人才方面的表现），您的答复是否有所变化。倘若有变化，请在最能代表 5 年前成效的数字上打勾。倘若没有变化，请您在“没有变化”的选项上画圈。作答前，请您反复阅读问卷说明中的规则，确保自己已完全理解。

	非常恰当	恰当	有失恰当	不恰当	5 年间的变化
3. 策略/业务和人力资源规划流程，以便厘清企业未来 5 至 10 年的定位，并进一步规划有多少重要岗位需要人员补充，都是哪些岗位。	1	2	3	4	没有变化
4. 企业的校园招聘工作	1	2	3	4	没有变化
5. 企业管理人员所使用的招聘标准	1	2	3	4	没有变化
6. 企业管理人员在甄别和选取高潜质人才方面的能力	1	2	3	4	没有变化
7. 企业的入职薪酬	1	2	3	4	没有变化
8. 提供给员工的初级职位类别	1	2	3	4	没有变化
9. 提供给高潜质人才的专门计划	1	2	3	4	没有变化
10. 给予新员工的福利	1	2	3	4	没有变化
11. 提供给新员工的培训机会	1	2	3	4	没有变化

12. 企业雇主拥有“平权主义”（affirmative action）理念	1	2	3	4	没有变化
13. 员工所拥有的晋升机会	1	2	3	4	没有变化
14. 企业的薪酬结构和具体做法	1	2	3	4	没有变化
15. 企业文化和工作环境	1	2	3	4	没有变化
16. 企业声誉	1	2	3	4	没有变化
17. 企业在优化招聘与雇佣高潜质人才全流程方面所耗费的时间和精力	1	2	3	4	没有变化

第二部分

人才培养

18. 在培养高潜质员工方面，企业表现如何？（单选，请画圈作答）

卓越/非常好/好/尚可/糟糕

19. 5 年前，企业在培养高潜质员工方面表现如何？（单选，请画圈作答）

卓越/非常好/好/尚可/糟糕

问卷说明：以下罗列的若干计划和具体做法在甄别人才、厘清人才培养需求和达成这些需求方面产生影响。首先，请您就各计划和具体做法在培养足量具有领导力潜质的未来管理人才方面的目前表现进行评价（请在恰当的数字上画圈）。然而，试回想一下，5 年前，这些计划和具体做法的表现，倘若问您上述同样的问题（各计划和具体做法在培养足量具有领导力潜质的未来管理人才方面的表现），您的答复是否有所变化。倘若有变化，请在最能代表 5 年前成效的数字上打钩。倘若没有变化，请您在“没有变化”的选项上画圈。

	非常恰当	恰当	有失恰当	不恰当	5 年间的变化
20. 常态化的绩效评估流程	1	2	3	4	没有变化

21. 甄别高潜质员工的专门计划	1	2	3	4	没有变化
22. 为员工提供在更高级别管理层展现自我的机会	1	2	3	4	没有变化
23. 正规的接任者规划审查流程	1	2	3	4	没有变化
24. 企业管理人员甄别高潜质员工的能力	1	2	3	4	没有变化
25. 企业管理人员厘清高潜质员工培养需求的能力	1	2	3	4	没有变化
26. 以“厘清高潜质员工培养需求”而设置的专门计划	1	2	3	4	没有变化
27. 以“培养高潜质人才”而设置的专门岗位的使用方式	1	2	3	4	没有变化
28. 以“培养高潜质人才”为初衷，将职责嵌入其现任岗位的方式方法	1	2	3	4	没有变化
29. 企业对内部管理培训计划的使用	1	2	3	4	没有变化
30. 企业对外部管理培训计划的参与度	1	2	3	4	没有变化
31. 在部门内部，以“培养人才”为初衷的平级岗位轮换的数量和种类	1	2	3	4	没有变化
32. 跨部门间，以“培养人才”为初衷的平级岗位轮换的数量和种类	1	2	3	4	没有变化
33. 为员工提供指导、榜样和辅导	1	2	3	4	没有变化

34. 在长远职业规划方面，企业为高潜质员工所提供的指导	1	2	3	4	没有变化
35. 管理人员致力于培养下属所获得的奖励	1	2	3	4	没有变化
36. 与下属探讨培养需求，并共同制定培养内容和相应培养手段的方式方法	1	2	3	4	没有变化
37. 就培养情况，给予下属意见建议的方式方法	1	2	3	4	没有变化
38. 企业在优化培养高潜质人才全流程方面所耗费的时间和精力	1	2	3	4	没有变化

第三部分

留住和激励

39. 在留住和激励高潜质员工方面，企业表现如何？（单选，请画圈作答）

卓越/非常好/好/尚可/糟糕

40. 5 年前，企业在留住和激励高潜质员工方面表现如何？（单选，请画圈作答）

卓越/非常好/好/尚可/糟糕

问卷说明：以下罗列的若干计划和具体做法在留住和激励高潜质员工方面产生影响。首先，请您就各计划和具体做法在留住和激励高潜质员工方面的目前表现进行评价（请在恰当的数字上画圈）。然后，试回想一下，5 年前，这些计划和具体做法的表现。倘若问您上述同样问题（各计划和具体做法在留住和激励高潜质员工方面产生影响），您的答复是否有所变化。倘若有变化，请在最能代表 5 年前成效的数字上打钩。倘若没有变化，请您在“没有变化”的选项上画圈。

	非常恰当	恰当	有失恰当	不恰当	5年间的变化
41. 企业薪酬结构	1	2	3	4	没有变化
42. 为高潜质员工提供的晋升机会	1	2	3	4	没有变化
43. 以“人才培养”为初衷的工作机会	1	2	3	4	没有变化
44. 内部培训机会	1	2	3	4	没有变化
45. 外部培训机会	1	2	3	4	没有变化
46. 为高潜质员工提供企业岗位空缺信息	1	2	3	4	没有变化
47. 与上司探讨职业规划的谈话质量	1	2	3	4	没有变化
48. 企业的激励型薪酬计划	1	2	3	4	没有变化
49. 企业的福利待遇	1	2	3	4	没有变化
50. 企业对员工的关切与关心	1	2	3	4	没有变化
51. 企业文化和工作环境	1	2	3	4	没有变化
52. 企业在优化留住和激励高潜质人才全流程方面所耗费的时间和精力	1	2	3	4	没有变化

第四部分

优化过程中所做出的努力

53. 近年来（过去5年左右），企业或企业的某些团队是否努力优化您在吸引、培养和留住高潜质员工方面的能力？

是________　　　　　　　　不是________

54. 倘若是，这些努力的成效如何？

非常成功/成功/不成功

55. 在以下这些要素中（倘若确实存在），哪些要素造就了优化的最终成功？（请在所有符合要求的要素上打钩）

______管理高层的支持

______管理高层的参与

______添加新的人力资源岗位

______其他（请详述）______________________________

____

____

56. 在以下这些要素中（倘若确实存在），哪些要素阻碍了优化的最终成功？（打勾项数量不要超过三项）

______新的优化努力过于仰赖员工的主观能动性

______新的优化努力过于集中

______新的优化努力过于分散

______新计划耗费过多管理时间

______缺乏管理高层的支持

______缺乏管理高层的参与

______既定优化目标不切实际（过于急于求成）

______缺乏足够的人力资源

______其他（请详述）______________________________

____

____

第五部分

综合评估

57. 未来 5 至 10 年，倘若一切计划和具体做法保持不变，由合适员工担任重要管理岗位的人数占比是多少？（单选，请画圈作答）

我的评估是：	低于 10%	40%~49%	70%~79%
	10%~19%	50%~59%	80%~89%
	20%~29%	60%~69%	超过 90%
	30%~39%		

58. 这一问题仅用于比照参考：目前，由合适员工担任重要管理岗位的人数占比是多少？（单选，请画圈作答）

我的评估是：	低于 10%	40%~49%	70%~79%
	10%~19%	50%~59%	80%~89%
	20%~29%	60%~69%	超过 90%
	30%~39%		

59. 5 年前，由合适员工担任重要管理岗位的人数占比是多少？（单选，请画圈作答）

我的评估是：	低于 10%	40%~49%	70%~79%
	10%~19%	50%~59%	80%~89%
	20%~29%	60%~69%	超过 90%
	30%~39%		

备 注

前 言

1. 关于这些实地调研的梗概性描述，可以在我的上一部著作《权力与影响》中找到，请看科特（1985），pp.193-98。

第一章

1. 当被问及“与20世纪50和60年代相比，当下所在行业的竞争强度是一样、更激烈或更不激烈”时，超过90%的受访者都（毫不犹豫地）回答了“更激烈”。在许多情况下，受访者的回答是“激烈得多”。证明这一趋势的其他证据，请看鲍尔（Bower）（1985）、斯科特（Scott）和洛奇（Lodge）（1985）。
2. 美国福特、克莱斯勒、丰田（Toyota）、尼桑（Nissan）、本田（Honda）、大众（Volkswagen）/奥迪（Audi）、沃尔沃（Volvo）、戴姆勒——奔驰（Daimler-Benz）、萨博（Saab）、雷诺（Renault）、马自达（Mazda）。

3. 尽管还有一些要素（比如，科学技术的更新换代）也能导致竞争强度的激增，但这里所提及的或许是最重要的。
4. 请看 1987 年 2 月 16 日，《时代周刊》（*Time*）pp.44-45 刊登的题为《生存：企业重组》（“Rebuilding to Survive”）的文章。
5. 美国联邦航空管理局（Federal Aviation Administration，FAA）的数字显示，宽松监管（1978）之前，美国国内有 35 家航空公司。到了 1981 年，国内航空公司数量增长至 100 家左右。
6. 来自通用电气的内部文件。
7. 美国卫生保健财政管理局，卫生保健财政状况回顾，1985 年秋天发布。
8. 该报道见于 1986 年 7 月 28 日发布的《时代周刊》上，pp.29-33。
9. GM Today 12, no.5 (June 19, 1986): 1
10. 参考著作有：利伯森（Lieberson）和奥康纳（O’Connor）（1972）、卡罗尔（Carroll）（1984）、加姆森（Gamson）和斯科奇（Scotch）（1964）、格伦斯基（Grusky）（1963）、萨兰西克（Salancik）和普费弗（Pfeffer）（1972）。

第二章

1. 由于诸多原因，要准确评估“高效领导力”是十分困难的，具体缘由请看备注第二章中的第七点。
2. 根据亚科卡和诺瓦克（Novak）（1984），以及与克莱斯勒管理人员的采访。

3. 见于科特和劳伦斯（Lawrence）（1974）。
4. 见于科特（1982）。
5. 请看本尼斯（Bennis）和纳努斯（Nanus）（1985）、莱文森（Levinson）和罗森塔尔（Rosenthal）（1984）、麦考尔（McCall）和隆巴尔多（Lombardo）（1983）。巴斯（Bass）（1985）、蒂希（Tichy）和德瓦纳（Devanna）（1986）这两部著作也基本上支持这些结论。
6. 在《权利与影响：超越正式权限》（科特【1985】）中，我对此进行了更细致入微地探讨。书中关于领导力的例子涵盖了主管到首席执行官的有职位级别。
7. 不幸的是，大量关于领导力的研究也聚焦在这些方面。倘若不将所处背景或环境的差异进行系统性考量，我们将会获得一系列表面上看来自相矛盾的发现。请看巴斯（1981）。

   与此同时，领导力研究也会让人产生困惑，因为准确评估“高效领导力”是十分困难的，特别是在议程设置方面。想要确定某些能够成功动员团队成员的人是否真的领导他们朝着合理的方向前进，这也是关于领导力的历史性和纵向性研究之所以如此重要的原因。
8. 作为其中一位开拓性研究者，弗雷德·费德勒（Fred Fiedler）（1967）提出了这一观点，并试图用一个简单理论来阐述这一见解。在我所撰写的《总经理》（1982）第 5 章和巴斯所撰写的《斯多格迪尔（Stogdill）领导力手册：理论、研究与管理应用》第 4 章也进行了类似探讨。

9. 请参考弗罗姆（Vroom）和耶顿（Yetton）(1973)。
10. 哈佛大学教授亚伯拉罕·扎拉兹尼克（Abraham Zaleznik）(1977) 所撰写的一篇发人深省的文章中，这一问题被首次提出。
11. 想了解有关吉尼的更多详情，请参考艾伦（Allen）(1980)。
12. 有些人也认为，企业的职业操守有时也非常糟糕。
13. 请参考科特（1982），尤其是第4章。

第三章

1. 在众多具有差异性的因素中，复杂性的本质便是互相依存。在上一部著作中，我已经就复杂性背后的某些含义进行了清楚而翔实的论述。请参考科特（1985），特别是第2章至第6章。
2. 这些结论源自于我对于高效总经理的研究（请参考科特【1982】第3章，特别是图3-1），以及其他著作，包括：本茨（Bentz）(1985)、加巴罗（Gabarro）(1986)、伊森伯格（Isenberg）(1984)、(Kaplan）卡普兰（1984、1986)、麦考尔和隆巴尔多（1983)、塞尔斯（Sayles）(1979）和博亚兹（Boyatzis）(1982)。
3. 请参考戴维·麦克莱伦（David MacClelland）的著作，特别是麦克莱伦（1975)。
4. 关于在中低阶层的业务和管理岗位中打造高效领导力的必要条件，我在《权利与影响》(科特，1985）中进行了深入探讨。
5. 这是14条“管理原则”中的1条，起初由亨利·法约尔（Henry Fayol）提出，几乎所有有关管理的常规教科书都会强调这一点。

请参考斯坎伦（Scanlan）（1973）。

6. 正直诚实的缺失最终会导致企业人员网络架构工作受阻。有关这一点的探讨，请参考卡普兰（1984）。
7. 这倒不是说，除了获得知识技能，没有人能通过学校教育培养领导力特质。比如，一位年轻人能够学到与领导力息息相关的某些基本人际交往能力，因为他是一名足球队长。然而，这些属于特例，而绝非教育机构通过系统化培养所形成的产物。
8. 在科特（1982）第 3 章中，通过对一群成功经理人的实证研究，我们对这些议题进行了更详尽的探讨。也可参考麦考尔、隆巴尔多和莫里森（即将出版）。
9. 请参考科特（1982）第 3 章。
10. 根据国际高等商学院协会和布里克管理教育服务（Bricker Executive Education Service）提供的数据显示，每年，工商管理硕士学位获得者以 10 倍的速度递增，由大学提供的管理培训教育课程的增速更加惊人。

第四章

1. 企业名称和行业细节均为杜撰，以保证这家真实存在的知名企业的商业机密和相关人员隐私。
2. 关于该企业的所有信息皆来自 1979 年至 1981 年所进行的采访。
3. 冰球专业术语。

第五章

1. 想要获取有关图 5-2 至图 5-5 所反映的情况的更多证据，并做深入探讨，请参考汤普森（Thompson）、柯卡姆（Kirkham）和狄克逊（Dixon）（1985）pp.21-23、格雷夫斯（Graves）（1980）、卡普兰、科夫迪摩斯（Kofodimos）和德拉斯（Drath）（1986）、哈梅尔（Hamel）和普拉哈拉德（Prahalad）（1986），以及考麦考尔、隆巴尔多和莫里森。

第六章

1. 要接触和评估这些问题是非常复杂的。
2. 因为超过一半的受访者只分布在 17 个企业中，所以这 17 个企业的数据将和调查问卷的其余数据进行比照，观察这两者的数据结果是否存在任何显著差异（倘若存在显著差异，这意味着所选取的这 17 家企业在某种程度上属于不平衡样本）。比照结果显示，这种显著差异不存在。
3. 派发行政管理人员调查问卷早期版本时，我们发现，与那些后来参与调查问卷的受访者相比，之前的受访者感觉自己没有掌握足够的信息去回答问卷调查中的诸多问题。
4. 见于 1985 年 12 月 9 日出版的《财富》杂志 pp.207。
5. 见于 1985 年 1 月出版的《财富》杂志。
6. 在更低的评价中，大部分是“好”。
7. 例如，行政管理人员调查问卷的数据所反映的真相可以通过各种方式被扭曲。尽管我们提示受访者，他们可以跳过任何因掌握信息不充分而无法回答的问题，但是某些人或许依旧会对并不熟知的领域作答。对于那些掌握充足信息的人而言，他们或许会因为内心标准的不同，而给出不一样的答案。我们所进行的这类研究也容易受到“成见效应”（halo effect）的影响。

8. 由财富杂志的企业声誉调查进行评估。

第七章

1. 在行政管理人员调查问卷和财富杂志的企业声誉调查中，企业所能获得最高等级是“卓越”。
2. 例如，在行政管理人员调查问卷的第 58 个问题中，来自 17 家企业的超过 600 名受访者的回复平均值范围为 34% 至 70%。
3. 由于数据种类和搜集方式不同，这一分析存在着明显的局限性。尽管如此，它依旧能为我们在探讨重要却难懂的问题方面提供一些系统化依据。
4. 调查问卷发起于 1983 年，第一份问卷调查结果于 1984 年出炉。接下来的第二份、第三份和第四份调查问卷的结果分别于 1985 年 1 月、1986 年 1 月和 1987 年出炉。这里所使用的是第二份调查问卷的结果。
5. 这一说法还获得了我们所进行的调查问卷的数据支持。其中有两家企业既在人力资源调查问卷中，又在最佳实践研究中。无论是哪一个调查研究，这两家企业所获得的评分都高于平均值。

6. 只有一家企业是例外，该企业只有 3 名行政管理人员参与了采访。
7. 例如，20 世纪 60 年代至 70 年代早期，当大多数大型商业银行还未在麻省理工斯隆商学院和哈佛商学院进行校园招聘时，花旗集团却为这两所学院敞开大门。哈佛大学，花旗集团每年都进行校园招聘，即便在某些年份中，并没有令人信服的理由将额外财力投入到高潜质人才校园招聘上。该企业的主管人员欣然接受学校的演讲邀请，甚至连校报的采访也是满口答应。这使得许多关于该企业的真实案例被频繁报道。对于大多数企业而言，这其中的某些案例是绝对不允许对外公开的，因为它们暴露了银行业所面临的问题。然而，在这方面，花旗集团依旧“我行我素”。结果，在那些年中，该企业所吸引的哈佛工商管理硕士毕业生的数量比其他所有主要商业银行加起来还要多。在这些毕业生中就包括现任企业二把手汤姆 · 西奥博尔德（Tom Theobold），以及来自麻省理工的约翰 · 里德（John Reed），其现任董事长。
8. 在背景采访期间，来自以糟糕领导力闻名的企业行政管理人员表示，他们往往依靠培训来培养管理人员。
9. 请参考谢弗（Shaeffer）(1984)第 3 章，特别是图 1。
10. 请参考彼得斯和沃特曼(1982)。
11. 请参考麦考尔、隆巴尔多和莫里森（即将出版）。

第八章

1. 这一章中的结论主要是基于采访中所获得的信息。

2. 由财富杂志的企业声誉调查进行评估。
3. 关于这一点，组织社会学家和心理学家达成了普遍认同。请参考沙因（Schein）(1985)关于企业文化的探讨。
4. 在雷吉 · 琼斯的任期内，通用电气超过 90%的管理岗位皆由内部人士担任。在杰克 · 韦尔奇的任期内，这一比率有所下滑，但依旧很高。
5. 尽管国际商业机器公司拥有同样的政策，但该企业在管理培训方面花费更多。近年来，该企业每年都让几乎所有 42000 名管理人员参加为期 40 小时的综合管理培训——聚焦“领导力”。该企业每年还让这些管理人员去外面参加为期 40 小时的更专业性或问题导向的培训。
6. 根据通用电气的相关政策，管理人员有权拒绝整份候选人名单。为了避免不必要的关注，这一权力只在少数时候被使用。
7. 最近，埃德 · 沙因（1985）表示，首席执行官最重要的职责莫过于维系或改变企业文化。沙因的看法与我们的研究结果不谋而合。
8. 请参考西尔（Siehl）和马丁（Martin）(1984)。
9. 请参考魏尔索维茨（Werssowetz）和迈克尔 · 比尔（Michael Beer）(1982)。

第九章

1. 所有名字都是杜撰的。
2. 我自己遇见过的此故事变体就超过几十个。通过其他人讲述，我又听过几十个。

3. 虽然现在说这些努力将会多么成功未免为时尚早，但初步迹象是良好的。

4. 一个杜撰的名字。

参考文献

Allen, Steven A. International Telephone and Telegraph Co. (A)," HBS Case Services, #9-472-007. 1980.

Bass, Bernard. *Stogdill's Handbook of Leadership.* New York: Free Press, 1981.

Bass, Bernard. *Leadership and Performance Beyond Expectations.* New York: Free Press, 1985.

Bennis, W., and Burt Nanus. *Leaders*. New York: Harper & Row, 1985.

Bentz, J. "View of the Top." Unpublished manuscript, 1985.

Bower, Joseph. *When Markets Quake.* Boston: Harvard Business School Press, 1985.

Boyatzis, Richard E. The Competent Manager. New York: John Wiley,1982.

Burns, J. M. *Leadership.* New York: Harper & Row, 1978.

Carroll, G. R. "Dynamics of Publisher Succession in Newspaper Organizations," Administrative Science Quarterly, 29 (1984): 93-113.

Clawson, Jim, John Kotter, Charles McArthur, and Victor Faux. *Self-Assessment and Career Development.* 2d edition. Englewood Cliffs, N.J.: Prentice-Hall, 1986.

Fiedler, F. *A Theory of Leadership Effectiveness.* New York: McGraw-Hill, 1967.

Gabarro, J. J. *The Dynamics of Taking Charge.* Boston: Harvard Business School Press, 1987.

Gamson, W, A., and N. A. Scotch. "Scapegoating in Baseball," *American Journal of Sociology,* 70 (1964): 69-72.

Graves, J. Peter. Management Behavior and Career Performance." In Brook Derr (ed.), *Work Family and Career.* New York: Praeger,1980.

Grusky, O. "Managerial Succession and Organizational Effectiveness," *American Journal of Sociology,* 69 (1963):21-31.

Hamel, Gary, and C. K. Prahalad. "Unexplored Routes to Competitive Revitalization." Working Paper Series #14, Center for Business Strategy, London Business School, July 1986.

Hershey, P., and K. H. Blanchard. *Management of Organizational Behavior.* 3d edition. Englewood Clifs, N.J.: Prentice-Hall, 1977.

Iacoca, Lee, and William Novak. *Iacocca: An Autobiography.* New York: Bantam Books, 1984.

Isenberg, D. J. "How Senior Managers Think," *Harvard Business Review,* 62 (November-December 1984): 81-90.

Jennings,E.E. *An Anatomy of Leadership: Princes, Heroes, and Supermen.* New York: Harper & Brothers, 1960.

Kaplan, R. E. "Trade Routes: The Manager's Network of Relationships," *Organizational Dynamics,* Spring 1984, pp.37-52.

Kaplan, R. E. "The WARP and WOOF of the General Manager's Job," Technical Report #27. Greensboro, N.C.: Center for Creative Leader-ship, 1986.

Kaplan, R. E., Joan Kofodimos, and Wilfred Drath. "Development at the Top: A Review and a Prospect." In W. Pasmore and R.W.Woodman (eds.), *Research on Organizational Change and Development.* Greenwich, CT: JAI Press, 1986.

Kotter, John P. *The General Managers.* New York: Free Press, 1982.

Kotter, John P. *Power and Influence: Beyond Final Authority* New York: Free Press, 1985.

Kotter, John P., and Paul Lawrence, *Mayors in Action.* New York: John Wiley, 1974.

Levinson, Harry, and Stuart Rosenthal. *CEO: Corporate Leadership in Action.* New York: Basic Books, 1984.

Lieberson, S., and J. F. O'Connor. "Leadership and Organizational Performance: A Study of Large Corporations," *American Sociological Review,* 37 (1972): 117-30.

McCall, M. W., Jr., and M.W. Lombardo. "What Makes a Top

Executive," *Psychology Today,* February 1983.

McCall, M. W., Jr.; M. M. Lombardo; and Ann M. Morrison. *The Lessons of Experience.* Forthcoming.

McClelland, David. *Power: The Inner Experience.* New York: Irvington Publishers, 1975.

Peters, Tom, and Robert H. Waterman, Jr. *In Search of Excellence.* New York: Harper & Row, 1982.

Porter, Michael (ed.). *Competition in Global Industries.* Boston: Harvard Business School Press, 1986.

Prahalad, C. K. "Developing Strategic Capability: An Agenda for Top Management," *Human Resource Management,* 22 (1983): 237-54.

Salancik, G. R., and J.Pfeffer. "Constraints on Administrative Discretion: The Limited Influence of Mayors on City Budgets," *Urban Affairs Quarterly,* 12 (1977): 475-98.

Saylese L. R. Leadership: *What Effective Managers Really Do… and How They Do It.* New York: McGraw-Hill, 1979.

Scanlan, Burt. *Principles of Management and Organizational Behavior.* New York: John Wiley, 1973.

Schein, E. H. *Organizationai Culture and Leadership.* San Francisco: Jossey-Bass, 1985.

Scott, Bruce, and George Lodge. *U.S. Competitiveness in the World Economy.* Boston: Harvard Business School Press, 1985.

Shaeffer, Ruth Gilbert. *Developing Strategic Leadership.* Conference Board Report No.847.1984.

Siehl,C., and J. Martin. "The Role of Symbolic Management: How Can Managers Effectively Transmit Organizational Culture?" In J. G.Hunt, D. Hosking, C. A. Schriesheim, and R. Stewart, (eds.), *Leaders and Managers: International Perspectives on Managerial Behavior and Leadership.* New York: Pergamon Press, 1984.

Thompson, Paul, Kate Kirkham, and Joan Dixon. "Warning: The Fast Track May Be Hazardous To Your Health," *Organizational Dynamics,* Spring 1985.

Tichy, Noel M., and Mary Anne Devanna. *The Transformational Leader.* New York: John Wiley, 1986.

Vroom, Victor H., and Philip N. Yetton. *Leadership and Decision Making.* Pittsburgh: University of Pittsburgh Press, 1973.

Werssowetz, Richard O. von, and Michael A. Beer, "Human Resources at Hewlett-Packard," HBS Case Services, #482-125. 1982.

Zaleznik, A. "Managers and Leaders: Are They Different?" Harvard Business Review, 55, no.5（1977）: 67-80